5.12.90

Meinem geliebten Helmut –
zum Krampus (markierte) und
Nikolo (unmarkierte) damit alle
unsere Wanderungen ein Erlebnis
bleibt!

In tiefer Liebe
Doris

Markiert und unmarkiert

Alfred Kölbel

Markiert und unmarkiert

Wanderungen zwischen Weinviertel und Ötscherland, zwischen Waldviertel und Burgenland

Jugend und Volk Wien München

ISBN 3-224-1 7602-4 Jugend und Volk Wien-München

Fotos: Alfred Kölbel
Wegskizzen: Käthe Kölbel
Umschlaggestaltung: Bruno Wegscheider,
nach einem Foto von Alfred Kölbel

Satz: Quick Print, 2301 Groß-Enzersdorf
Druck und Bindung: Wiener Verlag, 2325 Himberg

Eine Anregung

Dieses Wanderbuch soll keine Gebrauchsanweisung sein, sondern eine Anregung. Ob eine Wanderung die erwartete und erwünschte Befriedigung bringt, hängt nicht allein von der Wahl der Route und des Zieles ab, da spielen viele Faktoren mit, nicht zuletzt die körperliche Verfassung und die innere Einstellung zu Natur und Landschaft.
Daß in diesem Buch etliche nur teilweise oder nicht markierte Routen beschrieben sind, mag als Aufforderung angesehen werden, aus vorgezeichneten Bahnen auszubrechen, Neues zu versuchen, einer Gegend oder einem Berg andere, bisher vielleicht unbekannte Aspekte abzugewinnen. Wandern ist an keine Markierungen gebunden, auch nicht an Jahres- oder Tageszeiten.
Von vorgezeichneten Bahnen abzuweichen, kann auch heißen, einen Gipfel schon vor Tagesanbruch zu erreichen, um den Sonnenaufgang zu erleben. Wenn Wetter und äußere Verhältnisse es zulassen, spricht nichts dagegen, die Berge der Vor- und Hochalpen zu einer Zeit aufzusuchen, wenn die Hütten schon geschlossen sind. Man muß nur in Ausrüstung und Planung der Tour den schwierigeren Bedingungen Rechnung tragen.
Man wandert nicht allein mit den Beinen, man wandert mit den Augen und vor allem mit dem Herzen. Das Interessante liegt nicht in der Ferne, es findet sich am Wegrand. Feldstecher und Lupe etwa können neue Welten und Formen erschließen. Und man sollte sich Zeit lassen. „Kilometerfresser“ und „Gipfelhamsterer“ bringen Kontroll- und Gipfelstempel nach Hause, Wanderer mit Muße kehren mit Erlebnissen und schönen Erinnerungen heim.
Einige der in diesem Band beschriebenen Routen führen durch Naturschutzgebiete, andere nicht. Im Verhalten des Wanderers sollte es keinen Unterschied geben, wo er sich gerade befindet. Blumen sind am schönsten dort, wo sie wachsen und blühen. Nicht nur amtlich unter Schutz gestellte Sträucher, Blumen, Moose und dgl. bedürfen des Schutzes, sondern alle Pflanzen.
Beachten Sie bitte bei der Vorbereitung einer Wanderung, daß Hütten, die man offen wähnt, auch versperrt sein können. Daß Markierungen verändert oder lückenhaft sein können.

(Manche Forstverwaltungen machen sich anscheinend einen Spaß daraus, Bäume auszuholzen, die Markierungszeichen tragen.) Ein neues Markierungssystem, das sich nur gebietsweise durchgesetzt hat, die Kennzeichnung von Weitwanderwegen, hat die durch mehrere Jahrzehnte bewährte Markierungsordnung durcheinandergebracht. Wo man beispielsweise grüne Marken sucht, findet man rote mit Nummern, die in keiner Karte verzeichnet sind.
Die Kartographen des österreichischen Bundesamtes für Eich- und Vermessungswesen sehen sich außerstande, die ständigen Veränderungen auf dem laufenden zu halten. In der sonst sehr guten Bundesamtskarte sind daher alle Markierungen – seien sie nun in natura gelb, grün oder blau – rot eingezeichnet.
Bedauerlicherweise steigt nicht nur im hochalpinen Gebiet, sondern auch in den Voralpen die Zahl der Bergunfälle. Die Erfahrung zeigt, daß nicht die objektiven Gefahren wie Steinschlag und dgl. die häufigsten Ursachen sind, sondern die falsche Einschätzung der Gefahr, der eigenen Kräfte und des eigenen Könnens. Es ist leider üblich geworden, Wanderungen relativ spät zu beginnen. Ich halte das für einen nicht zu unterschätzenden Risikofaktor: Viele Unfälle ereignen sich knapp vor Einbruch der Dunkelheit, wenn man rasch noch ins Tal zurück muß, Kräfte und Konzentration aber schon nachlassen.
Daß die Ausrüstung den Anforderungen entsprechen sollte, versteht sich wohl von selbst.
Die schönste Wanderung ist die, auf der viel geschieht, aber nichts passiert.

Nostalgie am Höllenstein

Rundwanderung von Kaltenleutgeben über den Höllenstein

Leichte, unbeschwerliche Wienerwald-Wanderung.

Gesamtgehzeit 3 Stunden, Höhendifferenz knapp 300 m.

Naturfreundehaus auf dem Höllenstein das ganze Jahr bewirtschaftet, Montag Ruhetag.

Wege tadellos markiert und überall gut beschildert.

Bundesamtskarte 1:50.000, Blatt 58 (Baden); Freytag-Berndt „Wienerwald Atlas“ 1:50.000.

Besonders aufregend ist eine Besteigung des 645 m hohen Höllensteins im südlichen Wienerwald gerade nicht. Aber interessant. Vor allem, wenn man vor der Wanderung ein wenig in der Geschichte kramt, dann stellt sich nämlich heraus, daß man von einem bekannten und oft aufgesuchten Berg immer noch sehr wenig weiß.
Schon bei der Anfahrt beginnt's. Rodaun war einst ein Badeort. In der heutigen Ketzergasse gab es eine Thermalschwefelquelle, die erst gegen Ende des 19. Jahrhunderts versiegte. Dem Bad-Gasthaus der Familie Stelzer sagte man nach, man hätte dort das beste Essen weit und breit bekommen. Lediglich im berühmten Sacher sei es noch besser gewesen. Die letzten Reste dieses berühmten Restaurants mit Thermalbad verschwanden vor etwa 25 Jahren.
Als Badeort wollte auch Kaltenleutgeben reüssieren. „Es besitzt ein prächtiges Gemeindehaus, viele Landhäuser und zwei Wasserheilanstalten“, heißt es in einer Beschreibung aus dem Jahre 1914, in der auch auf die reichen Vorkommen an Jurakalk – mit herrlichen Fossilien (Ammoniten) – hingewiesen wird. Kalkbrenner sind in Kaltenleutgeben schon seit 1570 urkundlich nachgewiesen. Die heutigen Kalkwerke haben also eine jahrhundertelange Tradition.

Die heute ausschließlich dem Werksverkehr dienende Flügelbahn von Liesing nach Kaltenleutgeben wurde 1883 eröffnet. Bis in die zwanziger Jahre wurden auch Personen befördert. Der amerikanische Schriftsteller Mark Twain, der von 1897 bis 1899 in Kaltenleutgeben wohnte, bezeichnete sie als die langsamste aller Eisenbahnen der Welt.
Ab 1902 wurden auf dieser Stichbahn – wie auch auf der Südbahn – Skier befördert, man trug der neuen Sportart, welche die Massen begeisterte, Rechnung. Allerdings: für die Bretteln mußte eine Hundekarte gelöst werden.
Kaltenleutgeben war einst das Skidorado Wiens, auf der Norwegerwiese gibt es auch heute noch einen Schlepplift. Und der Name „Norwegerwiese" zeigt, daß die Skandinavier die ersten Skiasse in unseren Gegenden waren. Der Bäckergeselle Wilhelm Bismark Samson beeindruckte die Wiener anfangs der neunziger Jahre des vorigen Jahrhunderts durch seine rasanten Abfahrten und weiten Sprünge. An die 15 Meter weit hüpfte er auf kleinen, selbstgebauten Schanzen.
Schon vor dem Ersten Weltkrieg gab es in Kaltenleutgeben einen Skiverleih, 30 Paar Ski standen den Anhängern der weißen Sportart zur Verfügung.
Das Höllensteinhaus, das heute den Wiener Naturfreunden gehört, stammt aus dem Jahre 1907. Es wurde vor kurzem renoviert. Die dem Haus angeschlossene Julienwarte wurde sogar schon 1880 erbaut und 16 Jahre später „verschönert und erhöht". Eine Aufstockung täte auch jetzt ganz gut, denn die Bäume überragen bereits die Aussichtsplattform.
Etwas unterhalb des Höllensteinhauses liegt die Geoleshöhle, in der man bei Grabungen Funde aus der Jungsteinzeit, der Römerzeit und aus dem Mittelalter machte. Der Höllenstein hat also einiges zu bieten – nicht nur eine schöne Aussicht vom Turm und von den Lichtungen.

*

Ausgangspunkt ist Kaltenleutgeben, und zwar die Postautobushaltestelle Forsthaus. Eine große Tafel „Skilift Kaltenleutgeben, Norwegerwiese – Kreuzsattel" weist darauf hin, daß der Wintersport in dieser Gegend noch immer eine Rolle spielt. Beim Schranken beginnt die rote Markierung, man verläßt die Forststraße nach rechts, erreicht bald den Wald und wandert zuerst gemütlich, später etwas steiler zur Norwegerwiese, die man auf der Lifttrasse überquert.
Sehr bald ist man am Kreuzsattel, von dort (Wegweiser) wan-

dert man auf gelb markiertem Weg – die Marken sind nicht besonders gut – zur roten Markierung, auf der man das Höllensteinhaus erreicht. Gehzeit ab Kaltenleutgeben 1¼ Stunden.
Nun geht es wieder zurück zum Kreuzsattel, dort wählt man die rote Markierung Richtung Heiligenkreuz. Fast eben geht es dahin, bei der Bergrettungshütte am oberen Rand der Sporrerwiese wechselt man auf die grüne Markierung, die zur Sulzer Höhe führt. Nach einem längeren Abstieg erreicht man diese Höhe, von der man einen schönen Blick über den westlichen Wienerwald bis zu den Voralpen hat.
Etwa 100 Meter nach Verlassen des Waldes zweigt rechts die blaue Markierung ab, die in den Graben zu dem bekannten Gasthof Ellinghof führt. Die blauen Marken wenden sich nach dem Gasthaus rechts von der Straße weg und führen über einen Wiesengrund – links ein Hundeabrichteplatz – und später am Hang parallel zur Straße zurück zum Ausgangspunkt. Gehzeit ab Höllenstein 1½ bis 2 Stunden.

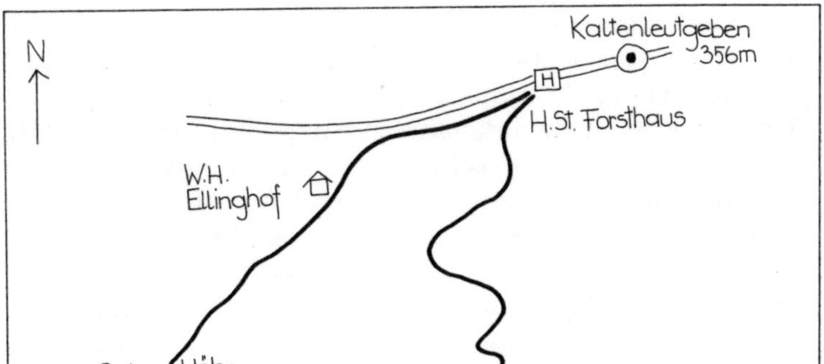

„Abgerackert trifft hier ein . . .“

Auf den Roßgipfel, der durch sein Gipfelbuch berühmt wurde

Wenig anstrengende Wienerwald-Wanderung, die aber gutes Orientierungsvermögen verlangt.

Gesamtgehzeit 3 ½ Stunden, Höhendifferenz knapp unter 300 m.

Kein Stützpunkt auf der gesamten Runde.

Nur ein geringer Teil der Rundstrecke – Ausgangspunkt Buchelbach bei Grub – ist markiert.

Bundesamtskarte 1:25.000 oder 1:50.000, Blatt 57 (Neulengbach) und Blatt 58 (Baden).

Unter Wienerwald-Kennern hat die Besteigung des 633 m hohen Roßgipfels nordwestlich von Alland einen besonderen Stellenwert, denn er hatte bis vor kurzem als einzige Erhebung des Wienerwalds ein Gipfelbuch. (Mittlerweile gibt es auf einer Erhebung nahe Wassergspreng ebenfalls ein Gipfelbuch, der Weg dorthin ist sogar markiert, dem Roßgipfel kann der „Hohe Ge“ jedoch nicht das Wasser reichen.)
Der Roßgipfel ist ein unscheinbarer Berg, er bietet kaum eine Aussicht, aber er wird verhältnismäßig oft aufgesucht, und zwar zu allen Jahreszeiten. Ganz so einfach , wie es manchmal scheint, kommt man nicht auf den Roßgipfel, davon zeugen eine Menge Eintragungen im Gipfelbuch wie etwa: „Mit Karte, Kompaß und Höhenmesser auf Anhieb gefunden“ oder „Wir haben dich so oft gesucht und nicht gefunden . . ., um hochbeglückt hier zu stehen und über Berg und Tal zu sehen“.
Manche fanden den Roßgipfel erst nach Umwegen und größeren Strapazen. Und so liest man im Gipfelbuch unter anderem auch: „Abgerackert trifft hier ein der Perchtoldsdorfer Turnverein.“ Der Berg hat offensichtlich viele Freunde, die mit ihren Eintragungen hinweisen, daß sie schon das 25., ja mitunter sogar das 40. Mal den Weg auf den Gipfel gesucht und auch gefunden haben.

Das Gipfelbuch des Roßgipfels war lange nur in einer Plastikdose untergebracht und bestand lediglich aus einem Heft, manchmal sogar nur aus losen Blättern. Am 24. März 1981 brachten die Währinger Naturfreunde eine Metallkassette auf dem Gipfel an und deponierten ein richtiges Buch. Obendrein ließen sie auch einen Gipfelstempel anfertigen, sodaß nun mühelos der Nachweis zu erbringen ist, daß man tatsächlich auf dem geheimnisvollen Roßgipfel war.
Nur wenige Tage später errichteten die Liesinger Naturfreunde ein kleines Gipfelkreuz. Der Roßgipfel hat nun alles, was einen ernstzunehmenden Berg ausmacht.
Strapaziös ist der Anstieg nicht – sofern man auf Anhieb die richtige Route findet –, wohl aber vom späten Frühjahr bis zum Herbst schwierig. Nicht wegen der Felsen, die es dort gar nicht gibt, sondern wegen der vielen und üppig gedeihenden Brennesseln. „Durch Brennesseln emporgepflügt", lautet eine Eintragung im Gipfelbuch, eine andere: „Grausam mit Brennesseln." Und einer, dem kein Reim auf Brennessel einfallen wollte, behalf sich, indem er Brennessel auf Schlamassel reimte.
Es kommt auch auf die Jahreszeit an, auf dem Roßgipfel ist's vermerkt: „Einmal im Schnee leicht gefunden, heute von Brennesseln zerschunden." Trotzdem ist immer wieder von Glück und Beglückung die Rede. Um den Roßgipfel ist etwas Besonderes.

*

Am Zusammenfluß von Münichbach und Gruberaubach nahe Buchelbach bei Grub beginnt die Wanderung. Man folgt vorerst den roten Markierungen in das liebliche Tal des Münichbachs, wo manchmal der seltene und scheue schwarze Storch Rast auf seinem Zug macht. Auf einem Fahrweg geht es sanft bergauf, bei einer kleinen Häusergruppe überquert man zweimal auf nicht sehr guten Stegen den Bach. Nach dem Forsthaus kann man weiter dem markierten Weg folgen, es bietet sich aber auch an, auf dem Fahrweg zu bleiben. Wo beide Routen wieder zusammentreffen, beginnt die Suche nach dem Roßgipfel.
Am östlichen Ende des Holzlagerplatzes stößt man auf eine direkt den Hang hinaufführende, anfangs wenig ausgeprägte Schneise, die später die Grenze zwischen Hoch- und Jungwald bildet und weiter oben durch Jungwald führt. Diese Schneise steigt man – einmal eine Forststraße querend – bis

zum höchsten Punkt an, hält sich dort auf einer weiteren Schneise nach rechts und erreicht eine freie Kuppe mit einer schönen Aussicht über die Wienerwaldberge.
Nun sieht man auch schon den Roßgipfel. Nach einem kurzen Abstieg in einen Sattel folgt eine ebenfalls kurze Gegensteigung durch die „Brennesselzone“ zum höchsten Punkt mit Gipfelkreuz und Gipfelbuch. Gehzeit ab Buchelbach knapp 2 Stunden.
Nun kehrt man auf der „Anstiegsroute“ zur freien Kuppe zurück, bleibt aber dort auf dem Rücken. Durch eine Schneise geht es immer diesen Rücken entlang fast genau in östlicher Richtung zum Habelsberg. Auf dem höchsten Punkt, bei einem Grenzstein, gehen drei Schneisen weg. Man wählt die mittlere, die in nordöstlicher Richtung bergab führt. Rote Marken auf Bäumen und ein weiterer Markstein erleichtern das Finden der Route.
Es geht relativ steil bergab, die Schneise wird zum Weg, schließlich stößt man auf die Forststraße, die man beim Aufstieg gequert hat. Nun könnte man direkt durch einen – weiter unten stark verwachsenen – Hohlweg absteigen, bequemer ist es, nach rechts der Forststraße zu folgen. Sie führt in einer Serpentine zu einem Güterweg, auf dem man talab zurück nach Buchelbach wandert. Gehzeit ab Roßgipfel 1½ Stunden.

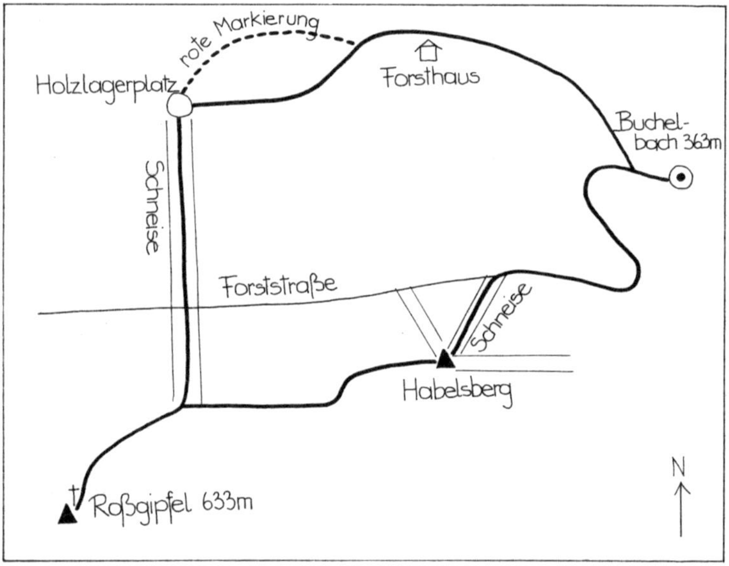

Unterwegs mit Ludwig van ...

Rundwanderung von der Cholerakapelle auf das Eiserne Tor

Wenig beschwerliche, aber interessante Tour im Wienerwald.

Gesamtgehzeit 3 bis 3½ Stunden, Höhendifferenz knapp 600 m.

ÖTK-Schutzhaus ganzjährig bewirtschaftet (Montag Ruhetag).

Der größte Teil des Aufstiegs ist unmarkiert, aber kaum zu verfehlen.

Bundesamtskarte 1:50.000, Blatt 58 (Baden); Freytag-Berndt „Wienerwald Atlas" 1:50.000.

Was hat Ludwig van Beethoven mit Wandern und Bergsteigen zu tun? Nichts! Obgleich man dem Meister der klassischen Musik eine enge Beziehung zur Natur nicht absprechen kann – man höre sich nur einmal einige seiner Werke an –, ein Wanderer war er sicher nicht, sieht man davon ab, daß er häufig sein Domizil wechselte. Aber wie soll man einen Steig nennen, der nicht markiert ist, ja nicht einmal in einer Karte verzeichnet ist, aber fast direkt neben dem Beethoven-Gedenkstein im Helenental beginnt? Eben „Beethoven-Steig". Und diese Bezeichnung haben ihm auch tatsächlich die Kenner und Liebhaber des Eisernen Tores gegeben.
Dabei ist es schade, daß dieser Steig nicht häufiger frequentiert wird, denn er bildet den romantischesten und auch „alpinsten" Anstieg auf den 843 m hohen Lindkogel, der vielen Wanderern besser unter dem Namen „Eisernes Tor" bekannt ist. Der Weg führt über einen von Felsen durchsetzten Kamm, der manchmal sogar gratartigen Charakter annimmt – ohne daß man bei der Besteigung Schwierigkeiten hätte. Nein, Probleme gibt es auf dem Beethoven-Steig sicher nicht, aber manchmal muß man den Felsen angreifen, um das Gleichgewicht zu halten oder eine Stufe zu überwinden. Mitunter fühlt man sich an den Wachthüttelkamm auf der Rax erinnert,

wenn man zwischen den Felszacken auf die Windungen der Schwechat hinunterblickt, die dort die engste Stelle des Helenentales durchbricht.
Besonders anstrengend ist der Weg trotz der Steilheit des ersten Stücks nicht. Daß Markierungen fehlen, bedeutet insoferne keinen Nachteil, weil der Weg selbst bei geringer Schneelage zu finden ist. Anfangs bewegt man sich ständig auf dem Kamm, später bleibt man immer in einer Waldschneise, bis man auf den markierten Weg trifft.
Von der Aussicht vom höchsten Punkt des nicht gerade sehr hohen Berges schwärmten schon die Altvorderen. Im Jahre 1856 (!) wurde auf dem Eisernen Tor eine Aussichtswarte errichtet, die man heute noch besteigen kann. Die Aussicht über die Voralpen zum Schneeberg, über das Wiener Becken zur Buckligen Welt, zum Wechsel und zum Leithagebirge sowie zum Wienerwald ist einmalig.
In einer Beschreibung der „lohnendsten Ausflüge für die Zeit von 4 Stunden bis 2½ Tage“ von J. Frank aus dem Jahre 1920 liest sich das folgendermaßen: „Die Aussicht ist eine der schönsten und umfassendsten im ganzen Wienerwalde und reicht bis zur Schneealpe, Schneeberg, Stuhleck, Sonnwendstein im Süden, Leithagebirge, Rosaliengebirge, Neusiedler See und Wechsel im Osten, Wien und Kahlengebirge im Norden, Schöpfl, Reisalpe, Hocheck und Ötscher im Westen und Südwesten. Anmutig sind die Talblicke in der Nähe und die Aussicht auf die weiten Ebenen im Osten.“
Der Name Eisernes Tor stammt von einer metallenen Tür, an der ein Heiligenbild befestigt war. Zu diesem Bild kamen die Leute aus der Umgebung, weil man ihm wundertätige Wirkung zuschrieb. Als das Bild entfernt wurde, pilgerten sie einfach zum „Eisernen Tor“.

*

Von der Cholerakapelle wandert man am rechten Ufer der Schwechat auf der gelben Markierung zum Beethoven-Gedenkstein. Unmittelbar davor öffnet sich nach Westen der Madergraben. Gleich zu Beginn schlängelt sich an der rechten (nördlichen) Flanke ein schmaler Pfad hoch, dem man folgt. Man erreicht den felsendurchsetzten Rücken und hält sich immer auf der Schneide. Später wird der Rücken breiter und flacher, der Weg ist aber nicht zu verfehlen. Man erreicht eine Forststraße mit einem „Betonbunker“, in dem Futter für das Wild deponiert wird.

Nun wandert man ein ganz kurzes Stück auf dieser Forststraße nach rechts, bis sich nach links eine Waldschneise öffnet. Und dieser folgt man nun durch Wald, am Rande von Lichtungen, quert eine weitere Forststraße, erreicht wieder den Hochwald und sieht dann rechter Hand die Maste der Stromleitung zum Schutzhaus und die gelben Marken des „Steinigen Weges“. Die Schneise führt direkt zum Schnittpunkt der blauen und gelben Markierung, man hält sich nach rechts und ist bald beim Schutzhaus des Österreichischen Touristenklubs. Gehzeit ab Cholerakapelle 1½ Stunden.
Für den Abstieg wählt man am besten den „Steinigen Weg“, der gar nicht so steinig ist, wie man nach dem Namen schließen könnte. Bei der zweiten Querung der Forststraße gabelt sich die Markierung, man wählt den rechten Ast und erreicht sehr bald den ebenfalls gelb markierten Weg, der am rechten Ufer der Schwechat verläuft. Man kommt am Beethoven-Gedenkstein vorbei zur Cholerakapelle, dem Ausgangspunkt der Tour. Gehzeit ab Schutzhaus 1½ Stunden.
Für Benützer öffentlicher Verkehrsmittel bietet sich eher der Weitwanderweg 404 – rot markiert – an, auf dem man über das Jägerhaus nach Baden absteigt. Die Gehzeit beträgt ab Gipfel 2½ Stunden.

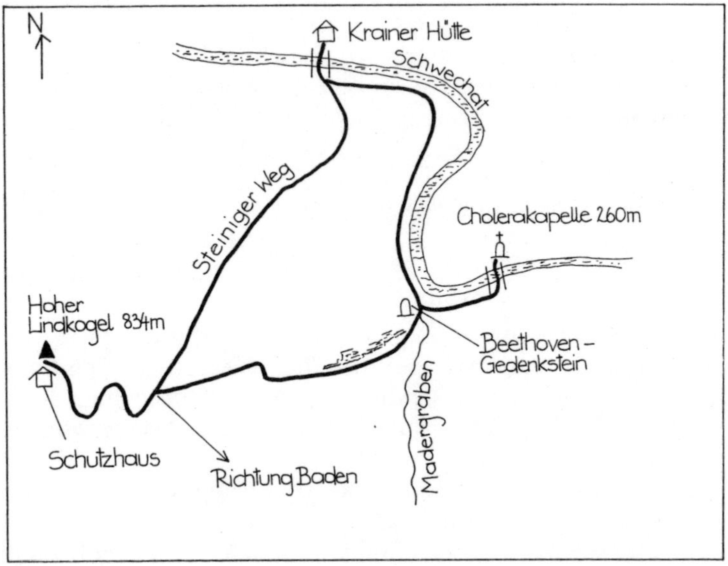

Um den Sooßer Lindkogel

Von Bad Vöslau zur Vöslauer Hütte und zum Jägerhaus

Unschwierige, wenig anstrengende Wanderung im Kalk-Wienerwald.

Gesamtgehzeit 3 ½ Stunden, Höhendifferenz rund 460 m.

Vöslauer Hütte der Naturfreunde ist das ganze Jahr offen, Montag Ruhetag.

Wege gut markiert und beschildert, ein kurzes Stück unmarkiert.

Bundesamtskarte 1:25.000 oder 1:50.000, Blatt 76 (Wiener Neustadt).

Von den Lindkogeln im südlichen Wienerwald ist sicherlich der Hohe Lindkogel der bekannteste, denn das „Eiserne Tor“ – so wird der Berg auch vielfach bezeichnet – stellt, nicht zuletzt wegen der Hütte und des Aussichtsturms, ein beliebtes Ausflugsziel dar. In den Hängen des Badener Lindkogels befindet sich die urgeschichtlich bedeutsame Königshöhle, die sich immer für einen Besuch anbietet. Was aber spricht für den Sooßer Lindkogel, der mit einer Höhe von 713 m nicht gerade zu den Riesen unter den Wiener Hausbergen zählt?

Nun, der Sooßer Lindkogel wird relativ selten bestiegen, weil kein markierter Weg zu seinem Gipfel führt. Aber eine Umrundung ist eine sehr empfehlenswerte Wanderung, und zwar aus mehreren Gründen:

- Auf dem Rundkurs liegen mit der Vöslauer Hütte der Naturfreunde und mit dem Ausflugsrestaurant Jägerhaus zwei immer offene Stützpunkte, was eine ausgiebige Rast auch in der kalten Jahreszeit und bei Schlechtwetter problemlos macht.
- Der Weg führt durch eine liebliche und abwechslungsreiche Landschaft mit vielen Aussichtspunkten.
- Ein Abstecher auf den Gipfel des Sooßer Lindkogels zahlt

sich aus, denn der höchste Punkt ist durch Baumschlägerungen zu einem Aussichtspunkt geworden.
Man wandert durch den für den Kalk-Wienerwald so typischen Föhrenwald, erreicht die Weingärten am Nordrand des Wiener Beckens, genießt an klaren Tagen den Blick über die Ebene und kann nahe dem Ausgangspunkt Waldandacht auch dem sogenannten Kaisersitz einen Besuch abstatten. Sinn und Bedeutung des in den Fels geschlagenen Sessels sind unbekannt, obgleich Archäologen und Heimatforscher schon intensiv an der Klärung des Rätsels gearbeitet haben. (In diesem Gebiet gibt es noch andere historische Stätten, wie die Buche am Stein, deren Bedeutung man ebenfalls nicht kennt.)
Der Wienerwald ist immer interessant, man muß nur den Eigentümlichkeiten und den interessanten Stellen nachspüren. Über den Wienerwald ist schon viel geschrieben worden, trotzdem lassen sich ihm immer wieder neue Seiten abgewinnen.

*

Ausgangspunkt der Wanderung ist die Waldandacht bei Bad Vöslau, bei der sich auch eine Gaststätte befindet. Der Verdacht liegt nahe, daß es sich bei dieser Waldandacht um eine heidnische Kultstätte handelt, die später christianisiert wurde. Auf der gelb markierten Forststraße, die durch einen Schranken gesperrt ist, wandert man in das Gradental, der Weg weist nur mäßige Steigungen auf. Bei einer Abzweigung hält man sich nach links auf der blauen Markierung und gewinnt langsam an Höhe. Schließlich erreicht man eine Fahrstraße, zweigt dort nach rechts auf die grüne Markierung ab und kommt zur Vöslauer Hütte. Gehzeit ab Waldandacht eine ¾ Stunde.
Hinter der Hütte befindet sich eine kleine Kletterschule. Der Name Mariazeller Zwickel für das Gebiet leitet sich aus einem Klosterbesitz her.
Nun geht es auf der gelben Markierung weiter. Man passiert einen markanten Aussichtspunkt und steigt dann in einen Sattel ab, wo mehrere Wege zusammentreffen. Man bleibt auf der gelben Markierung – der aus Pappendeckel bestehende Wegweiser dürfte nicht allzu lange halten – und gewinnt nun rasch an Höhe. Am Manhartsberg – der einen berühmten Namenskollegen zwischen Wein- und Waldviertel hat – vorbei erreicht man den Kamm, von dem aus nach rechts man in wenigen Minuten den Gipfel des Sooßer Lind-

kogels erreicht. Zurück zur gelben Markierung, auf dieser geht es weiter, bis man den rot markierten Wienerwald-Weitwanderweg 404 erreicht. Dort zweigt man nach rechts ab.
Nun geht es relativ steil bergab in das Weichseltal. Der Steig wird bald zur Forststraße, auf der man gemütlich bis zur Häusergruppe wandert, bei der sich auch das bekannte Ausflugsrestaurant Jägerhaus befindet, das man von Baden auch mit dem Auto erreichen kann. Gehzeit ab Vöslauer Hütte rund 1 ½ Stunden.
Die Zufahrsstraße läßt man links liegen und wandert auf dem Fahrweg das sanfte Tal hinaus. Wo die Straße mit der roten Markierung zusammentrifft, zweigt nach rechts ein rot markierter Weg ab (gute Beschilderung), diesem folgt man. Im ständigen Auf und Ab gelangt man an den Rand der Weingärten mit sehr schönen Aussichtspunkten. Man wandert am Weinort Sooß vorbei, passiert auch die romantische „Reblausburg" und steigt dann zur Waldandacht, dem Ausgangspunkt unserer Wanderung, ab.
Vorher sollte man aber unbedingt dem Kaisersitz einen Besuch abstatten. Der Weg ist beschildert, aber nicht markiert. Man erreicht den steinernen Sessel in wenigen Minuten. Phantasiereiche Überlegungen über seine Bedeutung sind durchaus angebracht. Gehzeit ab Jägerhaus etwa 1 Stunde.

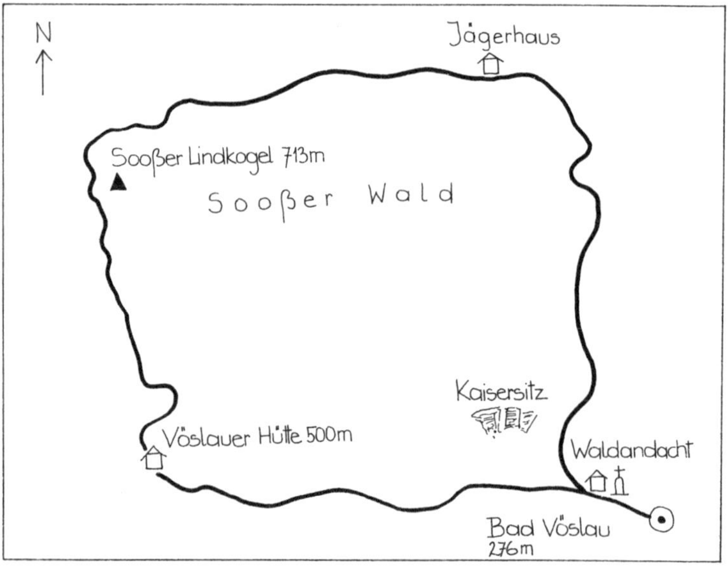

Die Runde um die Peilstein-Felsen

Ein Wanderweg zu den besten Beobachtungsplätzen des Kletterbergs

Mit Aufstieg von Raisenmarkt ergibt die neue Peilstein-Runde eine abwechslungsreiche und attraktive, nicht einmal kurze Wanderung.

Gesamtgehzeit 4 Stunden, Höhendifferenz 400 m.

Peilsteinhaus und Naturfreundehütte ganzjährig offen.

Alle Wege tadellos markiert.

Bundesamtskarte 1:25.000 oder 1:50.000, Blatt 57 (Neulengbach); Freytag-Berndt „Wienerwald Atlas“.

Mit einer Höhe von 716 m gehört der Peilstein sicher nicht zu den großen unter den Alpengipfeln, aber zu den bekanntesten. Seine Felsabstürze sind seit mehr als hundert Jahren die schönste und beliebteste Kletterschule am Ostrand der Alpen. Selbst berühmte Alpinisten wie der Erstbesteiger der Eiger-Nordwand, Fritz Kasparek, oder der Gasherbrum II-Bezwinger Fritz Moravec waren immer auf dem Peilstein anzutreffen.
Routen aller Schwierigkeiten führen durch die Wände, an schönen Wochenenden im Herbst und Frühjahr ist der Andrang der Kletterer so groß, daß sich an manchen Einstiegen richtige Warteschlangen bilden.
Der Peilstein ist aber auch ein beliebtes Ziel der Wanderer, welche die romatischen, nicht sehr anstrengenden Anstiege, den herrlichen Ausblick vom oberen Rand der Felswände schätzen und mit dem Schutzhaus auf dem Gipfel und der Naturfreundehütte zwei gemütliche Stützpunkte vorfinden, die noch offen haben, wenn anderswo die Wintersperren bereits in Kraft sind. Jagdsperren gibt es auf dem Peilstein auch nicht.
Der Wanderer aber hat Schwierigkeiten, wenn er zum Fuß der Felswände vordringen wollte, um von unten die Künste

der Kletterer zu beobachten. Haserlstiege und Cimone-Couloir – um zwei der meist frequentierten Abstiege anzuführen – bilden für einen Kletterer kein Problem, dem Wienerwald-Wanderer aber geben sie doch einiges aufzulösen.
Nun, die Schwierigkeiten gehören der Vergangenheit an, denn seit einiger Zeit gibt es den Peilstein-Rundweg, der vom Gebirgsvereinshaus auf dem Gipfel in einem weiten Bogen bis an den Wandfuß führt. Man quert unter den Wänden bis weit nach Süden und kehrt über völlig ungefährliches Terrain wieder zum Gipfelplateau zurück. Der Weg ist tadellos ausgebaut, wenn auch teilweise natürlich etwas schottrig. Er ist gut beschildert und markiert, von vielen Stellen hat man eine tadellose und beeindruckende Sicht auf die bis zu 80 m hohen Wände und Kletterrouten.
Es läßt sich heute nicht mehr feststellen, wann die ersten Kletterer auf dem Peilstein auftauchten. Jedenfalls wurden schon vor 1880 mehrere der leichten und heute bekannten Routen durchstiegen. Viele Namen deuten darauf hin, daß man auf dem Peilstein kletterte und an die Hochalpen dachte. Da gibt es ein Matterhorn, eine Teufelsbadstube, ein Gamseck – obgleich Gemsen erst vor wenigen Jahren auf dem Peilstein auftauchten –, eine Zinne oder einen Hahnenkamm.
Dabei ist der Peilstein zum Glück unvergleichlich.

*

Ausgangspunkt ist Raisenmarkt bei Mayerling. Die rote Markierung führt von der Kirche nach Westen in ein liebliches Tal, sehr bald wendet man sich nach links in die Flanke des Berges und steigt in einem weiten Bogen zur malerischen Ruine Arnstein mit der als Biwakplatz geschätzten Arnsteinhöhle und der markanten Arnsteinnadel auf. Nun wird der Weg flacher, man bleibt lange unterhalb des Kammes. Kurze steilere Passagen wechseln mit langen Flachstücken, man quert die von Schwarzensee nach Holzschlag führende Straße und erreicht schließlich den höchsten Punkt des Berges mit dem Peilsteinhaus des Österreichischen Gebirgsvereines. Gehzeit ab Raisenmarkt etwa 1½ Stunden.
Gegenüber dem Eingang des Schutzhauses am Waldrand befindet sich der erste Wegweiser des Peilstein-Rundweges. Durch Buchenwald steigt man nach rechts ab, beim Gamseck erreicht man die Felsen. Der Weg führt durch den Wald zum Purtschellerstein – man glaubt es kaum, daß es auf diesem kleinen Felsen nicht weniger als 17 Kletterrouten gibt –,

dann geht es in einem weiten Linksbogen an den Wandfuß. Unter Gamseck, Winklerturm, Luckerter Wand kommt man zur Großen Teufelsbadstubenwand mit der markanten Höhle. (Rechts daneben an der Kante ist der Fels besonders stark abgegriffen, das ist der schwierige Einstieg zum mittelschweren Ballounsteig.) In einer weiteren Serpentine führt der Rundweg tiefer, man passiert das Matterhörndl und die Cimone, die wohl bekannteste Felsfiguration des Peilsteins. Weiter geht es zum Hahnenkamm und zum Zinnenkessel. Über Stufen kommt man an den Fuß des Vallyturms und des Spartasteins. Auffallend die Einstiegsmarkierungen zu den schwierigen Routen von „Keine Gnade“, „Casino Royale“ und „Rosis Nummer“. In leichtem Anstieg geht es auf den Kamm und linksdrehend zum oberen Rand der Felsen zurück. Ein Abstecher zum Naturfreundehaus ist möglich. Für die Peilsteinrunde braucht man 1 Stunde.
Beim Abstieg wandert man ein Stück auf der Anstiegsroute in Richtung Raisenmarkt, zweigt aber bald links auf die rote Markierung Richtung Holzschlag ab. Nach Passieren einiger Häuser hält man sich etwas nach rechts, kommt bald auf einen Fahrweg und kehrt im Talgrund nach Raisenmarkt zurück. Für die Distanz Peilsteinhaus – Raisenmarkt braucht man knappe 1 ½ Stunden.

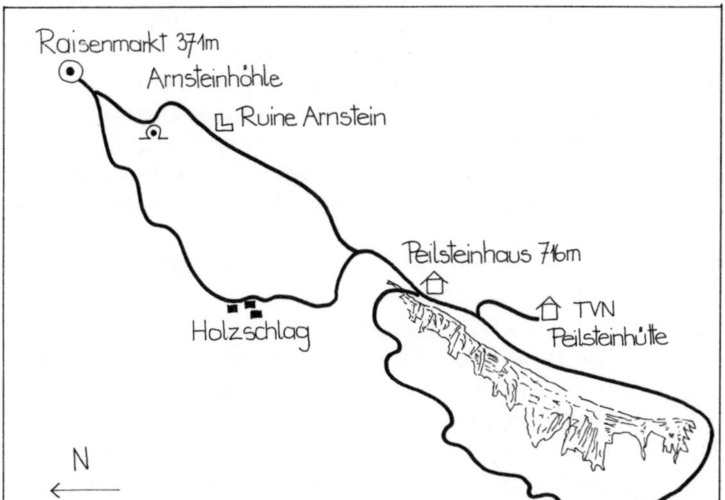

Die Quelle mit den Lottozahlen

Eine Runde von Salmannsdorf um den Hermannskogel

Lange, relativ anstrengende Wienerwald-Wanderung.

Gesamtgehzeit 4 ½ bis 5 Stunden, zu bewältigende Höhendifferenz über 600 m.

Gästehäuser im Weidlingbachtal und Gasthof Jägerwiese günstige, immer offene Stützpunkte.

Gut markierte und beschilderte Wege.

Freytag-Berndt „Wienerwald Atlas" 1:50.000.

Dem Agnesbrünnl am Osthang des Hermannskogels nahe der Jägerwiese steht ein Boom bevor, wenn sich wieder herumspricht, daß man im Wasser dieser Quelle die richtigen Lottozahlen sehen kann. Nicht immer zwar, aber doch an besonderen Tagen. Am chancenreichsten ist man am Johannistag, am Karfreitag und am Dreikönigstag. Schlag Mittag oder Schlag Mitternacht muß man in die Quelle schauen, dann sieht man die Zahlen, mit denen man Millionär werden kann.
Gegen Ende des 18. Jahrhunderts jedenfalls war es so, und da pilgerten an manchen Sonntagen an die 20.000 Menschen zum Agnesbrünnl. „Es kommt auch vor, daß manche ihr Nachtlager im Walde aufschlagen und mit geweihter brennender Wachskerze denselben durchstreifen", wußten Chronisten zu berichten. Und natürlich trieben auf der Jägerwiese, die damals als „verrufen" galt, Scharlatane ihr Unwesen und lockten mit Prophezeiungen aus Planeten- und Traumbüchern, mit allerlei obskuren Heilmitteln und Beschwörungsformeln den Leuten das Geld aus der Tasche.
Der Behörde wurde das Treiben zu bunt, sie entfernte die vielen, rund um die Quelle an die Bäume genagelten Heiligenbilder und vertrieb die Leute. Nicht immer mit Erfolg, denn noch bis zum Beginn des Zweiten Weltkriegs suchten soge-

nannte „Lotterieschwestern" das Agnesbrünnl auf. Und wer den Weg an den Fuß des Hermannskogels scheute, versuchte aus einem Bild im Gasthof „Zur Agnes" in Sievering die richtigen Zahlen herauszulesen. Daß solcher Aberglaube heutzutage nicht möglich wäre? Wenn's um Lotto-Millionen geht?
Der Hermannskogel galt in Vorzeiten als heiliger Berg, das Agnesbrünnl, das auch den Namen „Jungfrauenbrünnl" trug, könnte ein Quellheiligtum gewesen sein. Auf dem Gipfel soll – offenbar anstelle der heutigen Aussichtswarte – ein Kloster mit schlimmen Nonnen gestanden sein, im Inneren des Berges hört man angeblich manchmal eine Turmuhr schlagen.
Der Hermannskogel, höchster Berg der Bundeshauptstadt, ist aber nicht die einzige Attraktion auf unserer Runde.
Die meisten Leute kennen das Weidlingbachtal nur vom Auto aus. Meidet man aber die Straße, wandert man am rechten Ufer des idyllischen Bachs talauswärts, kann man verstehen, daß dort Ludwig van Beethoven den berühmten zweiten Satz „Szene am Bach" seiner Pastoralsymphonie geschrieben hat. Oberhalb von Weidling ist dieser Bach ein typisches Wienerwaldgewässer, das sich tief in den Sandsteinboden eingegraben hat und zwischen steilen Uferwänden dahinfließt.

*

Ausgangspunkt unserer Wanderung ist die Endstation der Autobuslinie 35 A in Salmannsdorf. Durch den Sulzweg, die Dreimarksteingasse und die Zierleitengasse gelangt man in den Wienerwald und zum Häuserl am Roan. In einem kurzen Abstieg geht es weiter zur Rohrerwiese, und schon folgt der nächste Anstieg.
Die grüne Markierung führt in Richtung Hermannskogel. Nach einem steileren Stück verflacht der Weg etwas – ehe man die erste Wiese erreicht, zweigt nach links die rote Markierung des Gustav-Fischer-Steiges ab. (Den Gipfel des Hermannskogel lassen wir auf dieser Runde aus.) Den roten Marken folgt man zuerst flach, dann steil bergab in die Talsohle des Weidlingbaches. Gehzeit ab Salmannsdorf etwa 1 ¼ Stunden.
Nun hält man sich rechts, geht ein kurzes Stück auf der Straße und folgt dann den grünen Marken, die entlang des Weidlingbaches führen. Der Weg bleibt am Fuß des Hermannskogels, beim Südtiroler Weg erreicht man das verbaute Gebiet. Durch die Weidlingbachgasse kommt man zur Agnesbrücke, wo nach rechts die gelbe Markierung des Grünberger Weges abzweigt. Auf diese Markierung schwenkt man ein und

erreicht bald eine Wiese. Später steigt man durch Buchenwald in einen Sattel auf, von dem die Jägerwiese nur noch ein paar Minuten entfernt ist. Gehzeit ab Weidlingbachtal 1½ Stunden.

Für einen Abstecher auf der blauen Markierung zum Agnesbrünnl braucht man nur ganz kurze Zeit. (Ein Tip: Die richtigen Lottozahlen findet man im Schlamm. Sie wollen ja schließlich den Kaufpreis dieses Buches wieder hereinbringen.)

Auf der Jägerwiese – wo sich der Sage nach die Geschichte von der Agnes mit dem Kohlenbrenner Karl abgespielt hat und wo sich heute ein Gasthaus befindet – wechselt man auf die grüne Markierung des Holzknechtweges, die direkt beim Gasthaus abzweigt. Durch einen steilen Graben geht es hinab, man unterquert die Höhenstraße und erreicht auf einem bequemen Weg das Tal des Sieveringer Baches. Knapp nach dem Damm der Wildbachverbauung – die unscheinbaren Gewässer des Wienerwaldes können in Regenperioden oder nach schweren Gewittern zu reißenden Bächen werden – geht man auf die rechte Talseite und kommt nach Sievering.

Nun kann man die Wanderung abbrechen und mit dem Bus der Linie 39 A zurückfahren. Will man die Runde vollenden, wandert man über die Agnesgasse zurück nach Neustift und Salmannsdorf. Gehzeit ab Jägerwiese 1 bis 1 ¼ Stunden.

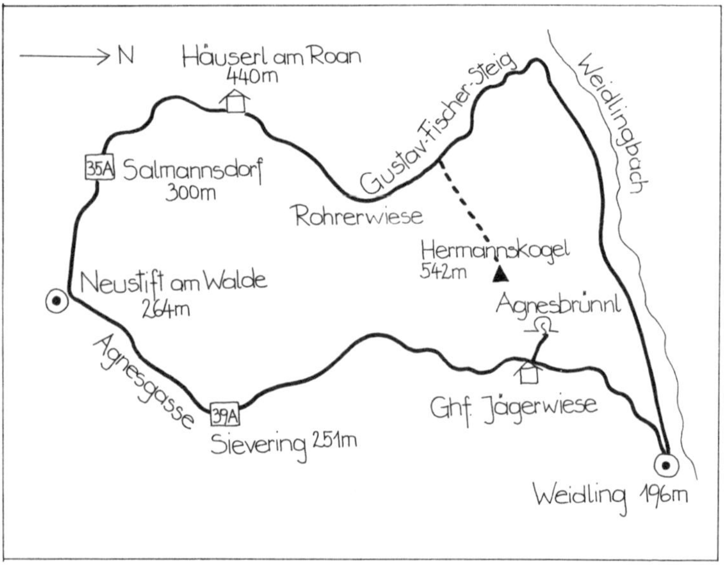

Die Regenmacher vom Riederberg

Von Ried am Riederberg zur Klosterruine und auf den Troppberg

Mäßig anstrengende Wienerwald-Wanderung.

Gesamtgehzeit 3 ½ Stunden, Höhenunterschied rund 300 m.

Jausenstation Rabenstein ist ein willkommener Stützpunkt.

Gut markierte Wege.

Freytag-Berndt „Wienerwald Atlas“ 1:50.000. Die Bundesamtskarte ist ungeeignet.

Auf der ganzen Welt zerbricht man sich den Kopf, wie man zu halbwegs wirtschaftlichen Bedingungen nach Belieben Regen erzeugen kann. Bis jetzt vergebens. In Ried am Riederberg ist das Problem seit Jahrhunderten gelöst.
Dort geht man in den Klostergraben zur alten Klosterruine, rührt mit einem Stock im Bründl, das neben den alten Mauerresten sprudelt, und betet dabei drei Vaterunser. Schon regnet es.
Zumindest steht es so in den Sagenbüchern, wo auch von einem Schatz unter dem einstigen Franziskanerkloster berichtet wird. Ob jemand an die Geschichten glaubt, merkt man sofort. Denn dann nimmt er einen Regenschirm mit, wenn er dem Petrus ins Handwerk pfuschen will.
Auch jenen, die trockenem Wetter den Vorzug geben, ist ein Besuch im Klostergraben anzuraten, denn die Gegend ist besonders reizend und obendrein sehr geschichtsträchtig. Das einstige Franziskanerkloster „Zu unserer lieben Frau im Paradies“ wurde zwischen 1457 und 1464 erbaut. Im Jahre 1509 brannte die Kirche ab, wurde aber wieder aufgebaut. 1529 stürmten die Türken das Kloster und brannten es nieder, 18 von 22 Mönchen kamen ums Leben. (In einer Tafel bei der Ruine heißt es, daß alle 22 Patres dem Feuer und Schwert zum

Opfer fielen.) Die Franziskaner siedelten nicht mehr an dieser unheilvollen Stätte, sie errichteten ein neues Kloster in Neulengbach.
Heute hat die Bundesstraße 1 über den Riederberg durch die Westautobahn viel von ihrer Bedeutung verloren, einst aber war die ehemalige Reichsstraße eine wichtige und oft umkämpfte Verbindung. Nahe der Paßhöhe finden sich mittelalterliche Befestigungen, noch im Ersten Weltkrieg wurden bei Sieghartskirchen Schanzen zur Verteidigung der Straße errichtet.
Die heutige Trasse stammt aus dem Revolutionsjahr 1848, man wollte – ähnlich wie beim Bau der Semmeringbahn – die vielen Wiener Arbeitslosen beschäftigen.
Auch in Ried gab es eine Festung, deren Reste auf einem „Hausberg" im Süden der Ortschaft zu finden sind. Die Burg ist wahrscheinlich schon im 15. Jahrhundert aufgegeben worden und verfallen.
Da eine Runde von Ried über Klosterruine und Saubühel doch zu kurz ist, bietet sich eine Verlängerung zum bekannten und immer noch sehr beliebten Troppberg an. Auf die zu Recht gerühmte Aussicht von der Warte auf dem 542 m hohen Berg muß man allerdings verzichten, denn der aus dem Jahre 1870 stammende und 1962 durch einen Anbau erhöhte Aussichtsturm ist wegen Einsturzgefahr gesperrt. Man muß sich mit einem Blick von den vielen freien Flächen zum Ötscher, zum Schneeberg und zu den Voralpen begnügen.

*

Unsere Wanderung beginnt in Ried am Riederberg. Bei der Kirche findet man die blaue Markierung, der man am Sportplatz vorbei in den Klostergraben folgt. Man steigt am östlichen Hang des Grabens gemütlich an und erreicht nach etwa einer halben Stunde die Ruine des Franziskanerklosters.
Das Bründl fürs Regenmachen ist nicht zu verfehlen.
Ohne Anstrengung geht es auf der blauen Markierung weiter, man gelangt auf den Saubühel und wechselt dort auf die rote Markierung, die zum Troppberg führt. Auch in der weiteren Folge sind nur mäßige Steigungen zu überwinden, denn der Troppberg ist auf den Meter genauso hoch wie der höchste Wiener Berg, der Hermannskogel. Und man beginnt die Wanderung doch schon in einer Höhe von über 200 m.
Nahe der Häusergruppe Rabenstein, wo es seit einiger Zeit schon eine willkommene Jausenstation gibt, überquert man

ein Feld. Bei nassem Wetter oder nach Regenfällen fragt man sich, wer denn die Schuhe putzen wird. Durch schönen Hochwald geht es in einen Sattel, der knapp unterhalb des Troppberggipfels liegt. Dort verläßt man die rote Markierung nach links und steigt in wenigen Minuten zum höchsten Punkt des Berges mit der Warte auf. Gehzeit ab Klosterruine 1 ½ Stunden.

Für den Rückweg wählt man anfangs die schon vom Anstieg bekannte Route. Man kehrt in den Sattel zurück und wandert dann auf der roten Markierung zum Saubühel. Dort zweigt man auf die grüne Markierung ab, die in Richtung Klosterberg führt. Zuerst geht es fast eben dahin, dann folgt der Weg einem breiten Rücken.

Man bleibt die meiste Zeit im Wald, nach einem etwas steileren Abstieg erreicht man Wiesen und Felder und gelangt über einen sanften Fahrweg zurück in die Ortschaft, die dem Paßübergang ihren Namen gegeben hat. Gehzeit ab Troppberg 1 ½ Stunden.

Ein Besuch des „Hausberges“ zahlt sich nicht aus, von der einstigen Burg ist nichts mehr zu sehen.

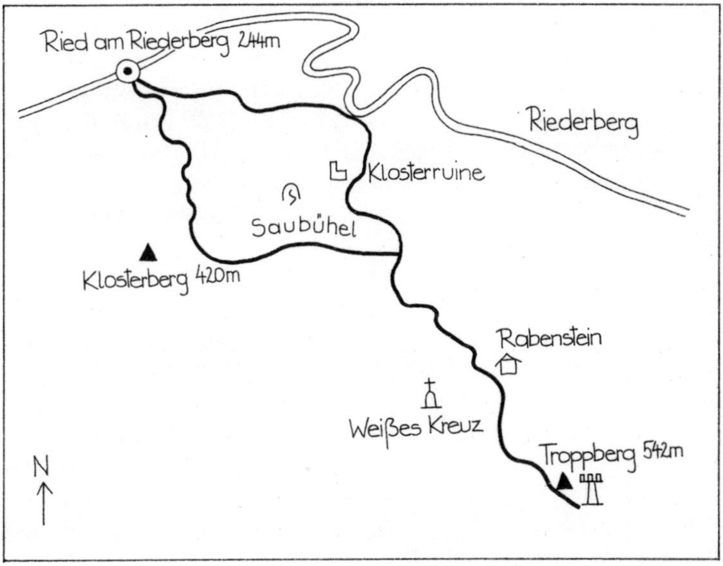

Die „Totenstadt" auf dem Kohlreitberg

Rundwanderung von Maria Anzbach zu den römischen Hügelgräbern

Leichte Wienerwald-Wanderung, interessant, herrliche Aussicht.

Gesamtgehzeit 2 ½ bis 3 Stunden, Höhendifferenz rund 250 m.

Das frühere Wirtshaus Jägerhansl ist verfallen.

Wege gut markiert.

Bundesamtskarte 1:25.000 oder 1:50.000, Blatt 57 (Neulengbach) oder „Wienerwald Atlas" 1:50.000.

Das Römergrab bei Au am Kraking ist relativ bekannt, es wurde auch in etlichen Wienerwald-Führern beschrieben. Vor etlichen Jahren hat man es sogar renoviert, wenn auch nicht ganz zur Zufriedenheit der Fachleute. Daß es hingegen auf dem Kohlreitberg – südlich von Maria Anzbach – gleich eine ganze „Totenstadt" mit elf aus der Römerzeit stammenden Gräbern gibt, hat sich kaum noch herumgesprochen. Die Gräber seien schwer zu finden, steht in einem populärwissenschaftlichen Werk. Was nicht stimmt, denn die „Totenstadt" liegt neben dem markierten Weg.
Von den elf Hügelgräbern wurden die meisten geplündert. Wann dies geschah, ist nicht bekannt, die Spuren sind noch heute deutlich zu sehen. Die Grabräuber dürften allerdings mit der Beute wenig Freude gehabt haben, viel Wertvolles war kaum zu finden, da es sich um die letzten Ruhestätten von Heimischen gehandelt hat. Zudem wurden die Gräber offensichtlich von Laien geöffnet, die wahrscheinlich viel zerstört haben. Unweit dieser Nekropole – in Götzwiesen – wurden um die Jahrhundertwende fünf Hügelgräber durch Archäologen geöffnet. Man machte interessante Funde, die nach Neulengbach ins Schloß gebracht wurden, wo sie in den Wirren bei Kriegsende verloren gingen.

Über die Südseite des Kohlreitberges führte einst eine römische Straße nach St. Christoph, wo die Archäologen ebenfalls auf Funde aus römischer Zeit stießen. Straßen in Höhenlage waren damals keine Seltenheit, denn die versumpften Täler machten beim Bau größere Probleme als die Höhen.
So interessant die Vergangenheit des Kohlreitbergs auch ist, der Höhenrücken mit seinen vielen freien Flächen hat auch eine prächtige Aussicht über die vielen Kuppen des Wienerwalds und über die Gipfel der Voralpen zu bieten.
Schade, daß dieser Berg ein bißchen aus der Mode gekommen ist. Das früher beliebte Wirtshaus Jägerhansl gibt es schon lange nicht mehr. Auf dem höchsten Punkt des Berges stand einst eine Aussichtswarte, auch sie ist längst verschwunden, obgleich ein Aussichtsturm auch heute noch eine Attraktion wäre.
Daß man bei dieser Runde zweimal ein Stück auf der Straße marschieren muß, spielt kaum eine Rolle, denn die Verkehrsrouten sind nur wenig befahren. Man begegnet beinahe eher einem Reiter als einem Auto.

*

Ausgangs- und Endpunkt der Wanderung ist Maria Anzbach an der Westbahnstrecke. Bei der Haltestelle beginnt die grüne Markierung, der man gemächlich bergauf folgt. Man wandert die meiste Zeit im Wald, östlich des Gipfels erreicht man erstmals freies Gelände auf einem Rücken – und ist von der Aussicht beeindruckt. Dort stößt man auch auf die Straße, auf die man nach rechts einschwenkt.
Man durchwandert den kleinen Flecken Götzwiesen, direkt am anderen Ortsende trifft man auf die blaue Markierung, die nun den Weg weist. Gehzeit ab Haltestelle Maria Anzbach 1 Stunde.
Die blau markierte Route verläßt die Straße nach links, leicht bergab gelangt man in einen engen Graben, den man quert. In einem kurzen Anstieg erreicht man den Weiler Hart. Dort hält man sich auf der Straße rechts und nach einem kurzen Stück gleich wieder links. Bei der nächsten schwachen Kurve stößt man auf die blaue Markierung, die nach rechts in den Wald hineinführt.
Nach einer freien Fläche kommt man abermals in den Wald. Beim Roten Kreuz finden sich zur rechten Hand die elf Hügelgräber. Gehzeit ab Götzwiesen etwa eine ½ Stunde.

Die Bezeichnung „Rotes Kreuz“ deutet in unseren Gegenden sehr häufig auf die Existenz einer alten Siedlung oder einer vorchristlichen Kultstätte.
Für den weiteren Weg und die Rückkehr nach Maria Anzbach bieten sich nun zwei Varianten an:

- Man bleibt noch ein kurzes Stück auf der blauen Markierung und biegt dann nach rechts auf den grün markierten Weg ein, der bei Pameth ein Stück auf der Straße führt und dann scharf nach rechts nach Maria Anzbach abzweigt. Die Gehzeit auf dieser Route beträgt ab den Hügelgräbern ungefähr eine ¾ Stunde.
- Man kehrt nach Hart zur Straße zurück und wandert auf dieser ein kurzes Stück nach Norden. Nach Überwindung einer kurzen Steigung stößt man bei der Ruine des ehemaligen Wirtshauses Jägerhansl auf die blaue Markierung, die den weiteren Weg weist.

Ein Abstecher auf den höchsten Punkt des Kohlreitbergs zahlt sich nicht aus, zudem ist der Bereich abgezäunt.
Den blauen Marken folgend, geht es nun immer leicht bergab, der Weg führt lange Zeit auf einem leichten Rücken, später wendet er sich nach rechts. Man erreicht die ersten Häuser und unterquert die Bahn. Gehzeit ab Rotem Kreuz etwa 1 Stunde.

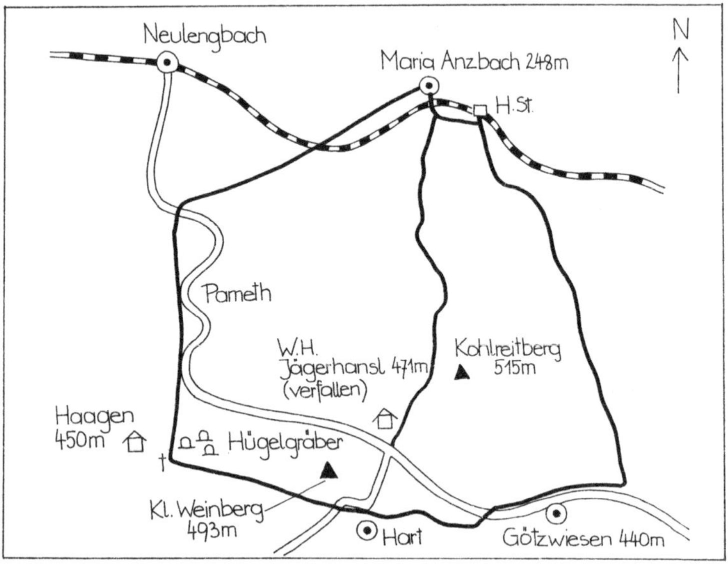

Neue Wege zur Ochsenburger Hütte

Eine Rundwanderung von Wilhelmsburg auf die Rudolfshöhe

Bequeme, leichte Wanderung in einer reizenden Landschaft.

Gesamtgehzeit etwa 3 Stunden, Höhenunterschied knapp 300 m.

Die Ochsenburger Hütte der Naturfreunde ist ganzjährig bewirtschaftet.

Wege gut markiert, in den Karten zum Teil aber nicht als markiert eingezeichnet.

Bundesamtskarte 1:25.000 oder 1:50.000, Blatt 56 (St. Pölten); Freytag-Berndt „Wienerwald Atlas".

Es ist kein Wunder, daß die Kartographen mit der Registrierung neuer Markierungen nicht mehr nachkommen, denn allerorten sprießen neue Wanderrouten oder zumindest neue Markierungen wie Schwammerln aus dem Boden. Touristenvereine, Fremdenverkehrsorganisationen und Gemeinden überbieten einander in der Schaffung neuer Wanderrunden.
Auch in der Gegend von Wilhelmsburg gibt es einiges Neues. Die Gegend ist besonders reizend, denn sie bildet den Übergang vom Wienerwald zum Alpenvorland. Die Traisen wird dort vom Gebirgsfluß zum gemächlich dahinfließenden Bach der Ebene.
Es gibt im Wienerwald zwei Rudolfshöhen. Die eine bei Purkersdorf – sie trägt auf ihrem höchsten Punkt eine Aussichtswarte – ist ein bekannter und beliebter Berg. Die Rudolfshöhe bei Wilhelmsburg ist mit 594 m um rund 100 m höher als jene bei Purkersdorf, und sie hat auch eine reizende, kleine Hütte, die Ochsenburger Hütte der Naturfreunde.
Aussichtsturm gibt es dort keinen, aber von den vielen freien Flächen hat man eine schöne Aussicht ins Traisental. Von einer Wiese knapp vor der Hütte blickt man zum Dunkelsteinerwald, ins Alpenvorland, ins Donautal, zu den Voralpen und zum Ötscher.

In älteren Karten sind zwei Wege zur Ochsenburger Hütte eingezeichnet, die direkte Route von der Haltestelle Kreisbach der ÖBB-Linie Leobersdorf – St. Pölten – heute ist diese Route auch als Weitwanderweg markiert – und die blaue, von Ochsenburg ausgehende Markierung.
Allein von Wilhelmsburg bzw. Kreisbach führen nun vier bezeichnete Routen auf die Rudolfshöhe, außerdem gibt es gut beschilderte und markierte Verbindungen zu den Höhen des Schwarzenbachtales und zur Kukubauerhütte. Man kann eine Wanderung also nach Belieben ausdehnen.
Anstrengend sind die Wilhelmsburger Wanderwege durch die Bank nicht. Wer das genußvolle, gemütliche Marschieren mit viel Abwechslung liebt, wird ganz auf seine Rechnung kommen. Da die Markierungen verhältnismäßig „jung" sind, findet man sie in den Karten nicht oder nur unvollständig eingezeichnet. Das macht aber wenig aus, denn die Wege sind gut markiert und beschildert. Zudem: In der Bundesamtskarte sind die Wege angegeben, nur eben nicht als markiert.

*

Ausgangspunkt unserer Wanderung ist die Haltestelle Kreisbach an der Bahnlinie Leobersdorf – St. Pölten. Sie liegt noch im Ortsgebiet von Wilhelmsburg.
Die Wege nehmen direkt bei der Station ihren Anfang, dort befindet sich auch eine Übersichtstafel, auf der alle neuen Routen angeführt sind.
Für den Aufstieg schlage ich die Route Nummer 4 vor, die über den Dinglberg und das Ödhäusel zur Ochsenburger Hütte führt. Sie ist in diesem Bereich mit dem Weitwanderweg 455 identisch und rot markiert. Die Markierung verläßt sehr rasch das verbaute Gebiet und wendet sich einen sanften Hang hinauf. Sie führt über Wiesen – von denen aus man schön ins Traisental sieht – zum Ödhäusel. Dort erreicht man den Wald. Unter Bäumen geht es nun gemütlich weiter, stellenweise wird der Weg zum Pfad, steile Stellen fehlen aber auf der ganzen Strecke.
Ehe man den letzten – auch nicht gerade steilen – Rücken zum Gipfel und zur Ochsenburger Hütte erreicht, geht es über eine Wiese mit zwei mächtigen Linden, einem Bankerl und einem Pavillon, der aus dem Biedermeier in unsere Zeit herübergerutscht sein könnte. An klaren Tagen ist die Aussicht von diesem Platzerl einmalig.
Auf einem Fahrweg ist die Ochsenburger Hütte nun in weni-

 Peilstein: Blick von der Kanzel zu Gamseck und Purtschellerstein

gen Minuten zu erreichen. Gehzeit ab Haltestelle Kreisbach 1 ½ Stunden.
Da man über das Kreisbachtal die kleine Hütte auch mit dem Auto erreichen kann – was ein echter Wanderer natürlich kategorisch ablehnt –, findet man stets offene Türen und eine schmackhafte Hausmannskost vor.
Für den Abstieg bieten sich nun zwei Varianten an, die annähernd gleichwertig sind:

- Weg Nummer 2 – rot markiert – über den Viereckhof, die Engelbauerbrücke und die Lichtensternsiedlung zurück nach Wilhelmsburg und zum Ausgangspunkt der Tour. Man wandert lange Zeit in nördlicher Richtung und hat daher von freien Flächen einen schönen Blick ins Alpenvorland und zur neuen niederösterreichischen Landeshauptstadt St. Pölten. Gehzeit etwa 1 ½ Stunden.
- Weg Nummer 7 – ebenfalls rot markiert – in das Kreisbachtal und am Schloß Kreisbach vorbei zum Ausgangspunkt der Tour. Man wandert durch ein kleines Tal in einer typischen Wienerwaldlandschaft. Zuerst geht es ein Stück auf der Anstiegsroute zurück, dann zweigt der Weg scharf links ab und wendet sich in das Tal. Gehzeit 1 ½ Stunden.

Das Schloß Kreisbach wurde 1180 durch Dietricus de Chrebezbach erbaut und 1853/54 zum Großteil abgebrochen.

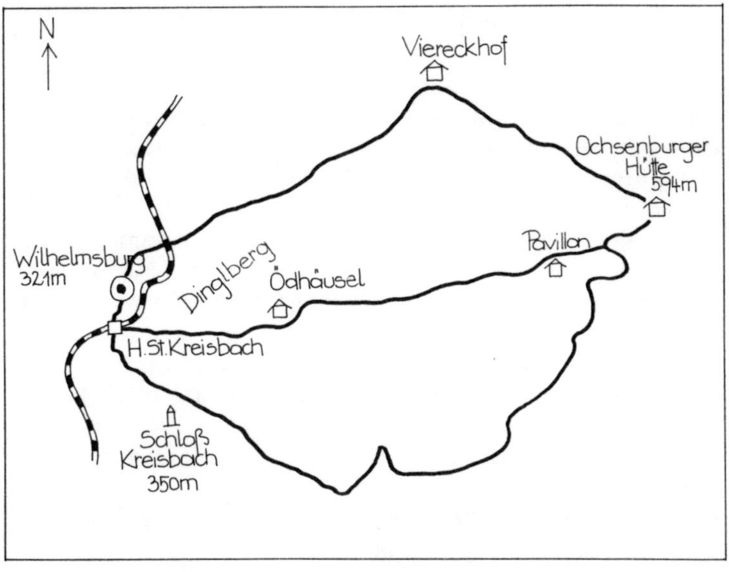

Rendezvous mit den Wolken

Rundtour über die Stockerhütte um das Schwarzenbachtal

Lange, aber befriedigende Wanderung am Rande des Wienerwaldes.

Gesamtgehzeit 5 Stunden, Höhendifferenz rund 500 m, Abkürzung möglich.

Stockerhütte hat am Mittwoch Ruhetag.

Wege gut markiert und beschildert.

Bundesamtskarte 1:50.000, Blatt 56 (St. Pölten); Freytag-Berndt „Wienerwald Atlas“ 1:50.000.

Von der Runde um das Schwarzenbachtal kehrt man – sofern natürlich das Wetter mitspielt – begeistert zurück. Die von der Naturfreundegruppe St. Veit an der Gölsen angelegten Rundwanderwege bilden ein Musterbeispiel, wie man es macht.

Schon der Aufstieg von Schwarzenbach zur Stockerhütte auf der Steinwandleiten führt von einem herrlichen Aussichtsplatzerl zum anderen. Wer diesen Weg ausgesucht und markiert hat, ist ein Kenner seiner Heimat, von dem man sich gerne durch dieses landschaftlich so schöne Randgebiet des Wienerwalds führen läßt.

Kombiniert man die drei Rundwanderwege zu einer großen Runde um das Schwarzenbachtal, ergibt das eine geradezu traumhafte, wenn auch etwas lange Wanderung. Nur zur Stockerhütte hat man einen längeren – aber keineswegs langen – Anstieg zu bewältigen, dann geht es ständig bergauf und bergab dahin. Und da man viel über freie Flächen – Wiesen und Felder – und immer nahe der Scheitellinie wandert, hat man gleichsam ein Rendezvous mit dem Himmel und den Wolken.

Bei heißem Wetter allerdings wirkt sich der Mangel an Schatten nicht gerade vorteilhaft aus.

Die Aussicht auf dieser großen Schwarzenbacher Runde ist an klaren Tagen überwältigend. Zuerst genießt man den Blick auf die Voralpen zwischen Hocheck und Kaiserkogel, später kommen die Vorboten der Hochalpen über den Horizont. Von einigen Stellen schweift der Blick ins Alpenvorland und ins Donautal, dann wieder grüßen die Kuppen und Höhen des Wienerwaldes.
Tatsächlich haben die Naturfreunde drei Rundwanderwege markiert und beschildert, jeder für sich ist ganz nett, aber entweder zu kurz oder mit einem „Straßenhatscher" verbunden. Kombiniert man die drei Wege zu der großen Runde, dann wird diese Wanderung zum Erlebnis. Nahe dem Zehethof oder nach dem Haberegg läßt sich die Runde abkürzen, was sehr vorteilhaft ist, wenn Konditionsmängel auftreten oder Schlechtwetter aufzieht.

*

Ausgangspunkt der Runde ist der Ort Schwarzenbach an der Gölsen. (Der Name täuscht, denn Schwarzenbach liegt gar nicht an der Gölsen, sondern am Schwarzenbach. Von der im Gölsental liegenden Bahnhaltestelle Wiesenfeld – Schwarzenbach braucht man zu Fuß etwa eine ½ Stunde zum Ausgangspunkt dieser Tour.)
Bei einer Kapelle am südlichen Ortseingang beginnt die gelbrote Markierung 01, die in einem weiten Bogen zur Höhe führt. Von freien Plätzen – vor allem nach dem Hinterleitner – hat man eine schöne Fernsicht zu den Voralpen, ins Gölsen- und Traisental. Später führt der Weg auf einen Kamm, über diesen erreicht man die Stockerhütte. Gehzeit ab Schwarzenbach 1 ¼ bis 1 ½ Stunden.
Nahe der Hütte gibt es ein Aussichtsbankerl mit „Gipfelkreuz", diesen Platz sollte man unbedingt aufsuchen.
Auf der gelb-roten Markierung 01 geht es weiter. Man steigt kurz und steil zum Stadelböck ab, wo man scharf rechts abbiegt. Unsere Route folgt nun dem Wienerwald-Weitwanderweg 404 und dem internationalen Fernweg Neusiedler See – Pyrenäen. Es ist aber keineswegs zu befürchten, daß man sich bis zu den Pyrenäen verirrt. Schon das ungewollte Erreichen des Neusiedler Sees wäre ein grober Irrtum.
Man steigt in einen Wiesensattel ab, im kurzen Gegenanstieg erreicht man den Zehethof, wo man auf den gelb-rot markierten Weg 02 wechselt. (Rechts hinunter geht's auf 01 nach Schwarzenbach.) Nun bleibt man immer auf den Höhen, die

das Schwarzenbachtal umgeben.
Beim Haberegg zweigt die blaue Markierung nach Schwarzenbach ab – abermals eine Möglichkeit, die Runde früher abzubrechen –, kurz darauf wechselt man vom Rundwanderweg 02 auf die – ebenfalls rot-gelb markierte – Route 03. Es folgt ein kurzer Anstieg, bald darauf folgt eine Lichtung, wo sich die nächste Abzweigung befindet. Der Wegweiser ist schlecht placiert, daher kann man diese Abzweigung nach rechts leicht verfehlen, da die rote Markierung geradeaus zur Kukubauerhütte weiterführt.
Der weitere Weg ist nun zum Teil auch gelb gekennzeichnet. Auf den westlichen Hängen des Kerschenbachtales geht es gemütlich bergab, eine kurze Gegensteigung nach dem Gehöft Roßwürger ist nicht besonders anstrengend.
Nach dem Gehöft Schwarzengruber geht es durch einen Fichtenwald, dann erreicht man eine freie Fläche, auf der ein Marterl steht. Dort zweigt man scharf rechts ab, obwohl die gelbe Markierung geradeaus weiterführt. Vorbei am Großödbauer erreicht man einen Sattel, von dem aus man auf einem Fahrweg und später auf einer Straße mit etlichen Serpentinen – die man auch abkürzen kann – nach Schwarzenbach absteigt. Gehzeit ab Stockerhütte 3 bis 3 ½ Stunden.

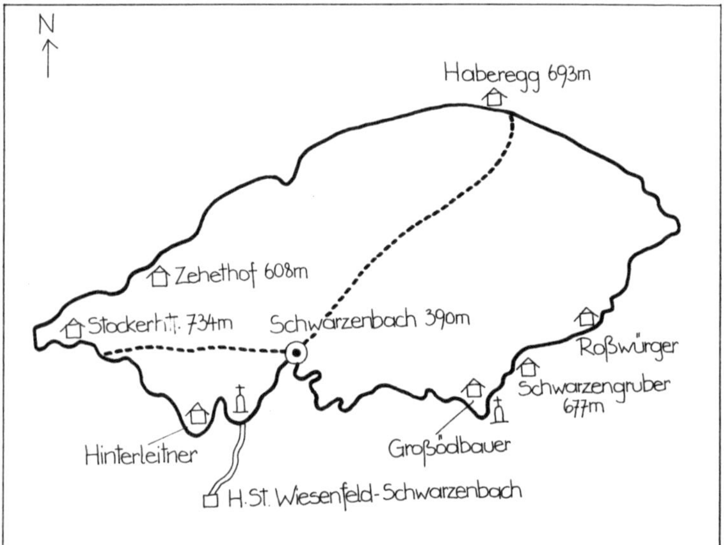

Von der Piesting zur Triesting

Streckenwanderung von Wöllersdorf nach Berndorf

Wegen der Länge etwas anstrengende Wanderung.

Gesamtgehzeit 4 Stunden, Höhendifferenz durch ständiges Auf und Ab etwa 300 m.

Gasthaus in Lindabrunn und Waldhütte Guglzipf gute, immer offene Stützpunkte.

Wege gut markiert und beschildert.

Bundesamtskarte 1:50.000, Blatt 76 (Wiener Neustadt); Freytag-Berndt „Wanderatlas Wiener Hausberge“ 1:50.000.

Es gibt mehrere Übergänge zwischen den beiden Tälern, die ihre Namen angeblich aus dem Türkischen herleiten. Piesting heißt „die Rauschende“, Triesting „die Murmelnde“. Die hier empfohlene Route führt über die Ausläufer der Berge, fast am Rande der Ebene, daher halten sich die zu bewältigenden Höhenunterschiede in Grenzen. Zudem läßt sich der Weg von Wöllersdorf ins Triestingtal dosieren. Für eher gemütliche Naturen bietet sich eine Variante nach Hirtenberg an, auch nach St. Veit an der Triesting läßt sich die Tour verkürzen. Es zahlt sich aber aus, die volle Distanz bis zum Guglzipf und nach Berndorf zurückzulegen, denn der Blick vom Guglzipf in das Becken des Triestingtales, zum Peilstein und Hocheck beeindruckt. Zudem wurde die Waldhütte Guglzipf in den letzten Jahren durch einen sehr rührigen Verein modernisiert, mit Wasser und Licht ausgestattet, sodaß sie sich nun größter Beliebtheit erfreut.

Die Attraktion der Wanderung, die über lange Strecken durch einsame Wälder führt, liegt am Anfang, nämlich die Hölltürmhöhle bei Wöllersdorf, deren Besuch man sich auf keinen Fall entgehen lassen sollte. Die fast 100 m lange Höhle diente früher als Schutz und Zuflucht in kriegerischen Zeiten. Sie stand einmal mit dem Hölltürm – der sicher Höhlturm

geheißen hat – in Verbindung. Die Reste dieses Turms sind vom Tal aus deutlich zu sehen.
Um die Hölltumhöhle gibt es viele Sagen, auch ein Schatz soll dort noch verborgen sein. Die Haupthalle weist Balkenlöcher auf, die auf eine lange Nutzung der Höhle hinweisen. Diese Löcher sind aber stark gegeneinander verschoben, sodaß man annimmt, sie seien erst in jüngerer Zeit durch ein Erdbeben aus ihrer ursprünglichen Lage gebracht worden.
Rechts vom unteren der beiden Eingänge befindet sich ein etwa 3 m tiefer Schacht, der Zugang zum sogenannten Tanzsaal. Diese fast 30 m lange Höhle weist an ihrer Decke schöne Bearbeitungen – ausgemeißelte Rundbögen – auf, deren Entstehungszeit jedoch nicht bekannt ist. Der Zugang zum Tanzsaal ist aber schwierig und unangenehm.

*

Ausgangspunkt unserer Wanderung ist Wöllersdorf an der Bahnlinie nach Gutenstein. Beim Bahnhof beginnt die blaue Markierung. Man kommt auf ihr zur Hauptstraße, quert auf einem Steg die Piesting und steigt an der Kirche vorbei zum Hölltum und zur Hölltumhöhle auf.
Nach Besichtigung der Höhle geht es auf der blauen Markierung weiter, man wendet sich in einen Graben – nicht dem Wegweiser „Zur schönen Aussicht“ folgen! – und wandert zu einer bewaldeten Hochfläche empor. Nach Querung der Trasse einer Starkstromleitung führt die Markierung auf einen Fahrweg in den Wald. Dann aber verlieren sich die blauen Marken, was keine Rolle spielt. Man bleibt auf dem Weg, der bald in einer weiten Serpentine nach rechts hinaufführt und später in die aus Steinabrückl heraufführende rote Markierung einmündet. Auf dieser Markierung hält man sich nach links.
Auf fast ebenem Weg erreicht man eine Wegkreuzung. Gehzeit ab Wöllersdorf 1 Stunde.
Nun schwenkt man nach rechts (Wegweiser) auf den rot markierten Weg nach Lindabrunn ein. Bei der Forststraße findet man links im Wald die richtigen Markierungen. Später verlassen die roten Marken die Forststraße, man steigt bequem nach Lindabrunn ab. Gehzeit ab Wegkreuzung eine ¾ Stunde.
Durch die Talleitengasse und die Steinbruchstraße passiert man den kleinen Ort, der wegen seines Bildhauersymposiums und der Sportschule bekannt ist, knapp vor dem Steinbruch

schwenkt man nach rechts auf die gelbe Markierung – der Wegweiser befindet sich hinter einem Holunderbusch – ab. Nach leichtem Anstieg, vorbei am Erholungsheim, geht es wieder bergab. Man kommt auf eine asphaltierte Straße. Bleibt man nun auf der gelben Markierung, so erreicht man in etwa einer ½ Stunde die Haltestelle Hirtenberg der ÖBB. Wir aber schwenken bald nach links auf die grüne Markierung ab, die in Richtung Jauling und St. Veit führt. Nach einigen hundert Metern – links im Wald eine Pecherhütte – kann man auf einem schräg links abweichenden Weg einen „Abschneider“ machen und einen kurzen Ab- und Wiederanstieg vermeiden. Man ist bald wieder auf der grünen Markierung, die zwischen Pfarrkogel und Großen Jauling zum Golfplatz führt. Nach diesem wandert man ein kurzes Stück auf einer Straße, später geht es nach rechts bergab. Auf der blauen Markierung kommt man zur Haltestelle St. Veit der Linie Leobersdorf – Hainfeld. Am Beginn der blauen Markierung – bei einem markanten Felsen – geht nach links eine blau-gelbe Markierung weg, der man folgt. Später wechselt man auf die rote, dann auf die grüne Markierung zum Guglzipf und zur gemütlichen Waldhütte. Gehzeit ab Lindabrunn 1 ½ bis 1 ¾ Stunden.
Auf der roten Markierung ist man in etwa einer ¼ Stunde in Berndorf beim Bahnhof.

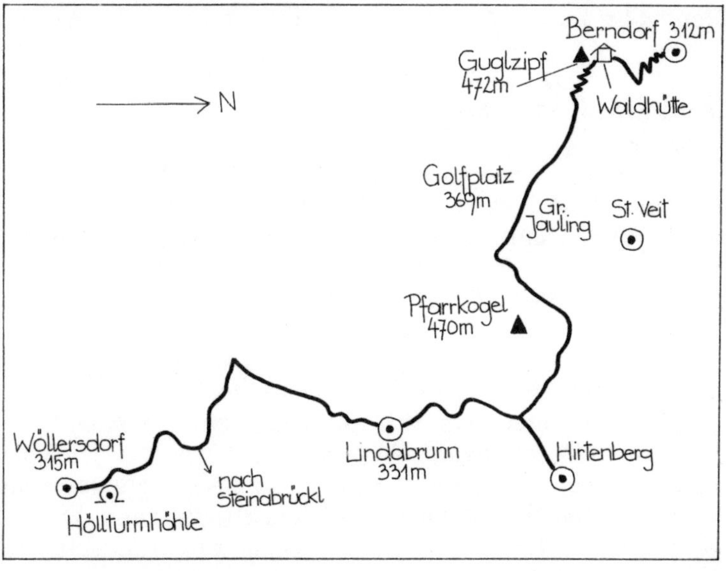

Alte Wege auf dem Kieneck

Rundtour von der Ramsau auf das Kieneck

Relativ anstrengende, aber lohnende Wanderung

Gesamtgehzeit 4 ½ Stunden, Höhendifferenz 600 m.

Enzianhütte vom 1. Mai bis Ende Oktober geöffnet, Montag und Dienstag Ruhetag.

Ein Teil des Weges ist unmarkiert.

Bundesamtskarte 1:25.000 oder 1:50.000, Blatt 75 (Puchberg am Schneeberg).

Das 1.106 m hohe Kieneck im Höhenzug, der vom Hocheck bis zur Jochart reicht, findet bereits in der frühen alpinen Literatur Erwähnung, denn der Übergang vom Kieneck zum Unterberg gefiel schon unseren Großvätern ganz besonders. Bereits im Jahre 1897 entstand die Enzian-Hütte des Alpenvereins auf dem stark frequentierten Gipfel. Wenige Jahre später – 1904 – mußte sie bereits durch einen Zubau erweitert werden. Man stieg damals zu jeder Jahreszeit auf das Kieneck.

Aber schon in „voralpiner" Zeit dürfte sich rund um das Kieneck einiges getan haben. Der über das Bettelmannkreuz führende Weg scheint ein sehr alter Übergang zu sein, auch die Verbindung von der Harras bei Furth war einst eine Straße, heute ist es ein verfallener Karrenweg. Der Reingupf, ein Vorgipfel des Kienecks, soll zum Schutz gegen Awaren und Ungarn im 9. und 10. Jahrhundert einen Wehrturm getragen haben. Zu sehen ist davon heute nichts mehr.

Jedenfalls bewegt man sich auf traditionsreichen und geschichtlich interessanten Wegen, wenn man das Kieneck besteigt. Die Anstiege vom Süden sind bevorzugt, weil man da besser Rundwanderungen zusammenstellen kann. Wer es gern etwas stiller will, wählt eine vom Norden ausgehende

Route. Nimmt man ein Stück unmarkierten Weg in Kauf, ergibt sich auch von der Ramsau bei Hainfeld aus eine recht ansprechende und abwechslungsreiche Rundwanderung.
Das Kieneck ist trotz der relativ geringen Höhe ein sehr steiler Berg. Auch auf der hier beschriebenen Runde ist eine recht steile Passage im Anstieg zu überwinden, und steil ist auch der Abstieg vom Bettelmannkreuz. Für die Mühen wird man durch eine herrliche Aussicht entschädigt. Von freien Stellen am Kamm, vor allem aber von der direkt auf dem Gipfel liegenden Hütte genießt man eine wunderbare Rundsicht zu Schneeberg, Rax, Schneealpe, Gippel, Göller, Dürnstein, Ötscher und Reisalpe. Und natürlich beherrscht der nahe Unterberg das Panorama.

*

Wir beginnen unsere Wanderung beim Sägewerk Wittmann in der Ramsau bei Hainfeld. Man geht ein kurzes Stück auf der grünen Markierung in Richtung Kieneckgraben. Beim Forsthaus zweigt links die blaue Markierung (Wegweiser „Araburg“) ab, der man auf einer Forststraße in Richtung Mariental folgt. Vorbei an zwei Villen gelangt man in einen weiten Talkessel. Ehe man diesen verläßt, zweigt nach rechts der unmarkierte Fahrweg zum Gehöft Harasecker ab. Auf diesem Weg wandert man taleinwärts, ein Verfehlen der Route ist praktisch ausgeschlossen. Vorbei am Bauernhof kommt man in einen immer enger werdenden Graben. Ehe dieser sehr steil wird, wendet sich der Weg in einer Serpentine nach links in den Hang. Nach einem kurzen Stück gelangt man auf die Schneide, wo man auch auf die rote Markierung des Weitwanderwegs trifft. Gehzeit ab Sägewerk Wittmann 1 Stunde.
Nun folgt man der roten Markierung nach rechts und verläßt den Sattel, der einst den Übergang zwischen Furthertal und Ramsau bildete. Zuerst geht es fast eben, dann aber beginnt eine starke und gar nicht so kurze Steigung, die viel Kraft verlangt, weil Steine und Wurzeln das Gehen erschweren. Nach dem folgenden Sattel wendet sich die Markierung in die linke – östliche – Flanke des Reingupfs, eine Besteigung des Gipfels zahlt sich nicht aus. Eher mühelos erreicht man einen weiteren Sattel, über sanftes Gelände gelangt man auf die Gipfelwiese und zur Enzian-Hütte des Alpenvereins. Gehzeit ab Erreichen des Weitwanderwegs 1 ½ Stunden.
Im Abstieg begehen wir vorerst einen Teil des berühmten

Übergangs vom Kieneck zum Unterberg. Auf der roten Markierung des Weitwanderwegs steigen wir in südwestlicher Richtung in einen Sattel ab. Nach einer kurzen Gegensteigung – schöne Sicht auf den Unterberg – geht es wieder hinab, diesmal in den Sattel mit dem Bettelmannkreuz. Dieses Kreuz erinnert an einen erfrorenen Bettler. Dort trifft man auf die grüne Markierung, der man nach rechts folgt.
Nach einem kurzen flachen Stück wendet sich der schmale Steig in die rechte Lehne des Grabens. Später erreicht man – ständig relativ steil absteigend – einen Rücken, der in die Sohle des Kieneckgrabens hinabführt. Diesem Rücken folgt man, wobei zweimal eine unschöne Forststraße gequert werden muß. Rund 1 ¼ Stunden braucht man von der Enzian-Hütte bis in die Sohle des Kieneckgrabens.
Nun geht es fast eben talauswärts. Zuerst läßt sich die Forststraße vermeiden, der Weg bleibt neben dem Bach, später muß man auf den Fahrweg wechseln. Eine in alten Beschreibungen noch als romantisch angepriesene Engstelle ist der Verbreiterung des Fahrweges zum Opfer gefallen. Nach Passieren eines weiteren Talkessels – mit pompöser Villa – erreicht man bald wieder eine Talenge und den Ausgangspunkt der Wanderung. Gehzeit ab Kieneckgraben rund eine ¾ Stunde.

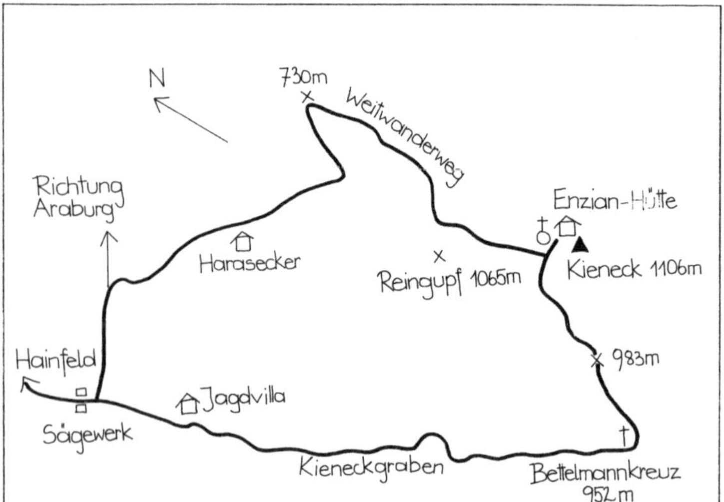

Der einsame Unterberg

Rundtour vom Adamstal auf den Unterberg

Lange und daher anstrengende Wanderung im Voralpengebiet.

Gesamtgehzeit 5 ½ bis 6 Stunden, Höhendifferenz 700 m.

Unterberg-Schutzhaus des ÖTK ist das ganze Jahr über bewirtschaftet.

Direkter Weg zum Gipfel ist nicht markiert, aber leicht zu finden.

Bundesamtskarte 1:25.000 oder 1:50.000, Blatt 74 (Hohenberg) und Blatt 75 (Puchberg).

Der Unterberg in den Gutensteiner Alpen ist eine dominierende Erscheinung, der Gipfel ragt weit über die benachbarten Erhebungen hinaus – weshalb man ihn auch als Aussichtsberg schätzt –, Karstquellen (wie die Miralucke) und Höhlensysteme haben zur Bildung von vielen Sagen geführt. Im Unterberg soll ein Riese schlafen, auch Schätze vermutet man in dem Berg, der einen großen See beherbergen soll. Sogar Erz baute man einst im Bereich dieses Berges ab.

Im Jahre 1832 stellte ein Hirt auf dem Plateau neben dem heutigen Unterberg-Schutzhaus eine Nachbildung der Mariazeller Madonnenstatue auf. Später entstand dort eine Kapelle, heute steht ein kleines Kircherl „Maria Einsiedel“, das sogar Ziel lokaler Wallfahrten ist. Manchmal ziehen über den Unterberg auch die Wallfahrer nach Mariazell.

Der Name des Berges leitet sich von „untarn“ her, das Mittag bedeutet. Der Unterberg ist also jener Berg, über den die Sonne zu Mittag steht. (Das gilt natürlich nur für einen beschränkten Bereich des Ramsautales. Aber Mittagskogeln und Mittagssteine zeigen immer nur für einen Punkt des Tales den Höchststand der Sonne an.)

Der Unterberg ist schon seit geraumer Zeit ein Skiberg, vom Süden her wurde er bestens erschlossen, was zur Folge hat,

daß trotz Straßensperre die Autos bis zum Schutzhaus fahren. Außerdem ist die Südseite durch einige Skilifts, die dazugehörenden Pisten und durch eine Straße richtiggehend verschandelt. Für eine neue Skiabfahrt hat man brutal den Wald geholzt, was aber anscheinend niemanden aufregt.
Dem Unterberg lassen sich aber auch stille Seiten abgewinnen. Wenn man vom Norden – vom Tal des Ramsaubaches – her ansteigt, ist man meist allein. Allerdings, die Nordseite ist die steile Seite des Unterberges, die einige Kondition verlangt. Dafür bewegt man sich in einer großartigen Landschaft, die schon alpinen Charakter hat. Und die Blumenwelt entschädigt für die Mühen des Anstiegs.
Einmalig ist – wie schon erwähnt – die Aussicht vom felsigen Gipfel, sie reicht bis zum Dunkelsteiner Wald und zur Donau. Knapp unter dem Gipfel befindet sich der Unterberg-Schacht, eine bis in eine Tiefe von 73 m erforschte Höhle, die angeblich im Zusammenhang mit der fast 700 m tiefer gelegenen Miralucke steht.
Einmalig ist die Blütenpracht im Bereich des Gipfelfelsens im Frühjahr, wenn der Petergstamm die Steine gülden färbt.

*

Ausgangspunkt ist das Adamstal nahe der Hainfelder Ramsau – auch mit dem Postautobus erreichbar – , Zufahrt mit dem Auto über Hainfeld. Kurz vor dem Hotel beginnt bei einer kleinen Brücke die gelbe Markierung, die zuerst sanft, dann aber sehr steil in das enge Tal des Wallerbachs führt. Nach längeren starken Regenfällen oder nach der Schneeschmelze ist der Weg nicht anzuraten, weil er stellenweise ganz knapp neben dem Bachbett führt.
Nach einiger Zeit dreht sich der Weg nach rechts, erreicht in mehreren Serpentinen einen Sattel und führt dann steil auf den Höhenrücken, wo man auf den vom Kieneck über das Bettelmannkreuz kommenden Weitwanderweg (Nummer 404) trifft, der rot markiert ist.
Man folgt den roten Marken nach rechts, zuerst geht es steiler, dann verflacht das Terrain, und man erreicht – an der Talstation eines Lifts vorbei – das Unterberg-Schutzhaus. Schöner aber ist der direkte, unmarkierte Anstieg zum Gipfel. Dabei folgen wir bald nach Verflachung des Weges einem Pfad, der rechts direkt auf den Rücken abzweigt und auf dem wir bald eine freie Fläche erreichen. Nicht sehr steil geht es zum Gipfel, man bleibt immer in der Nähe des Kammes.

Knapp vor dem höchsten Punkt befindet sich der – nunmehr etwas gesicherte – Eingang zu der Schachthöhle. Vorsicht mit Kindern!
Auf der breiten Wiese steigt man in etwa einer ¼ Stunde vom Gipfel zum Schutzhaus des Österreichischen Touristenklubs ab. Gehzeit ab Adamstal via Gipfel 3 bis 3 ½ Stunden.
Für den Abstieg wählen wir die Route über den Blochboden und das Steinkamp. Die gelbe Markierung – zum Teil auch rote Markierung – bringt uns auf dem fast ebenen Weg zum Blochboden, von wo es auf einem Rücken steil hinab geht. Der Steig ist auch sehr schmal. Nach dem Steinkamp zweigen wir rechts auf den rot markierten Weg zum Urlaubsheim Annental der Arbeiterkammer ab. Gehzeit ab Unterberg-Schutzhaus 1 ½ Stunden.
Nun bleibt nichts anderes übrig, als zuerst auf einem Feldweg zum Jugendheim Annental und von dort auf der wenig befahrenen Straße zurück zum Hotel Adamstal, dem Ausgangspunkt der Tour, zu wandern. Gehzeit ab Urlaubsheim Annental etwa eine ¾ Stunde.

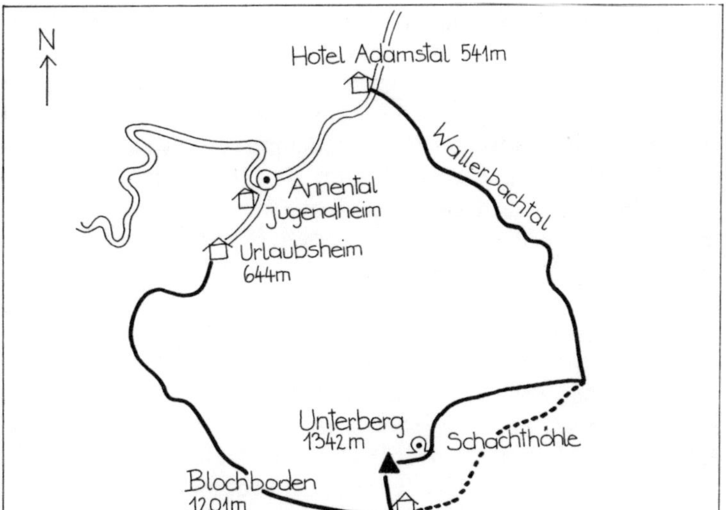

Hocheck – wie in alten Zeiten

Eine Rundtour von Furth auf das Hocheck

Relativ lange Wanderung im steilen Terrain.

Gesamtgehzeit 5 Stunden, Höhendifferenz über 600 m.

Hocheck-Schutzhaus (Kaspar-Geitner-Haus) von Frühjahr bis Dreikönig ständig bewirtschaftet, im Winter Wochenendbewirtschaftung.

Bundesamtskarte 1:25.000 oder 1:50.000, Blatt 75 (Puchberg); Freytag-Berndt „Wanderatlas Wiener Hausberge" 1:50.000.

Das 1.037 m hohe Hocheck im Höhenzug zwischen dem Triestingtal und dem Tal des Furtherbaches übt offensichtlich eine besondere Anziehungskraft auf Wanderer und Bergsteiger aus. Schon in der zweiten Hälfte des vorigen Jahrhunderts organisierte ein Wirt aus Furth Wanderungen auf diesen Gipfel, wenig später entstand sogar der Plan, eine Zahnradbahn von Furth auf das Hocheck zu bauen. Glaubt man älteren Beschreibungen, so stiegen im ausgehenden 19. Jh. ziemlich viele Menschen durch den Rohrbachgraben und den Sirnitzgraben – der in manchen Karten als „Innerfurter Graben" angegeben ist – auf den Aussichtsberg. Jedenfalls gab es schon 1880 eine Warte auf dem Gipfel, 1903 entstand die erste Hütte, die 1907 zu einem Schutzhaus erweitert wurde. In den Kriegswirren des Jahres 1945 brannte das Schutzhaus nieder, es wurde erst in den späten vierziger Jahren wieder errichtet. Als eine Mautstraße auf das Hocheck entstand, die auch im Winter offen gehalten wurde, und auf der Gipfelwiese Skilifts in den Himmel wuchsen, schien die stille Zeit auf dem Hocheck vorbei. Aber: Ein Streit zwischen dem Besitzer der Straße und der Lifts und der Gemeinde Furth führte zu einer Sperre der Straße, und so ist es nun auf dem Hocheck wie in alten Zeiten: ruhig und schön.

Die alte Franziska-Warte gibt es längst nicht mehr, die neue – 1974 erbaute – Franz-Meyringer-Warte bietet eine einmalige Rundsicht, die von den Kleinen Karpaten über den gesamten Wienerwald bis zu den Hochalpen reicht. Vom Hocheck ist sogar das Hochkar zu sehen, das bekanntlich der einzige Gipfel Niederösterreichs ist, von dem aus der Großglockner gesehen werden kann.
Am Fuß der Warte, bei einer Sonnenterrasse, gibt es ein Panorama, das die Orientierung und die Bestimmung der vielen Gipfel und Kuppen wesentlich erleichtert. (Die Terrasse steht an jener Stelle, wo sich das alte Kaspar-Geitner-Haus befand.)
Das Hocheck gilt als „Schneeloch“, was man bei Wanderungen im beginnenden Frühjahr beachten sollte. Ich habe es schon mehrmals erlebt, daß Wanderer, die ihre Saison sehr früh begannen, auf dem Hocheck winterliche Verhältnisse antrafen, obgleich auf den nicht wesentlich niedrigeren Höhen des Wienerwaldes schon der Frühling Einzug gehalten hatte.

*

Ausgangspunkt der Wanderung ist Furth an der Triesting. Die Ortsbezeichnung ist eindeutig falsch, denn Furth liegt nicht an der Triesting – die etwa 6 km entfernt ist –, sondern am Furtherbach.
Beim Ortseingang zweigt rechts die ehemalige Mautstraße auf das Hocheck ab, dort beginnt auch die Markierung des Krennweges. Man wandert ein Stück in den Rohrbachgraben hinein – immer in der Nähe der Straße – und steigt dann relativ sehr steil an. Die Wanderroute kreuzt mehrmals die Kehren der alten Straße, man erreicht schließlich die Gipfelwiese, auf der man direkt zum Schutzhaus des Österreichischen Touristenklubs gelangt. Gehzeit ab Furth 1 ½ Stunden.
Nach der Rast und dem Besuch der Aussichtswarte, die direkt auf dem Gipfel steht, geht es in westlicher Richtung weiter. Man folgt ein gutes Stück der bekannten Höhenroute zur Araburg. Gleich nach dem Gipfel, am Beginn eines sehr steilen Abstiegs, ist das Beran-Bankerl – ein sehr schöner Aussichtspunkt.
Die ursprünglich gelbe Markierung ist von den roten Marken des Wienerwald-Weitwanderweges 404 überlagert. Vom Gipfel des Hochecks geht es zuerst sehr steil bergab bis in einen

Sattel, dann wird's gemütlicher, wenngleich der Weg nie wirklich eben verläuft. Das Hoppel bleibt zur rechten Hand liegen – ein Abstecher auf diesen bewaldeten Gupf zahlt sich nicht aus –, man folgt dem Kamm, der die Wasserscheide zwischen oberer Triesting und Furtherbach bildet. Dann kommt man wieder in einen Sattel mit dem Roten Kreuz. Dort trifft man auf eine weitere rote Markierung, die von Kaumberg kommt.

Man schwenkt scharf nach links auf diese Markierung ein und steigt auf dem anfangs steilen, später flacher werdenden Weg in das Brunntal ab. Der sehr abwechslungsreiche Weg bietet von einer Lichtung einen schönen Blick zu den Felsen des Gaissteins (ein sehr einsamer, aber wunderschöner Berg, der mehr Beachtung verdiente). Nach einer Engstelle trifft man auf eine ergiebige Quelle, dann erreicht man die Straße durch den Furthergraben.

Die Harras bei Furth ist ein wasserreiches und deshalb geschütztes Gebiet, aus dem viele Gemeinden – bis hinaus ins Wiener Becken – ihr Trinkwasser beziehen.

Nun muß man nach links auf der kaum befahrenen Straße nach Furth zurückwandern. Hie und da finden sich grüne Marken, die man aber für die Orientierung nicht benötigt. Gehzeit ab Gipfel des Hochecks 2 ½ bis 3 Stunden.

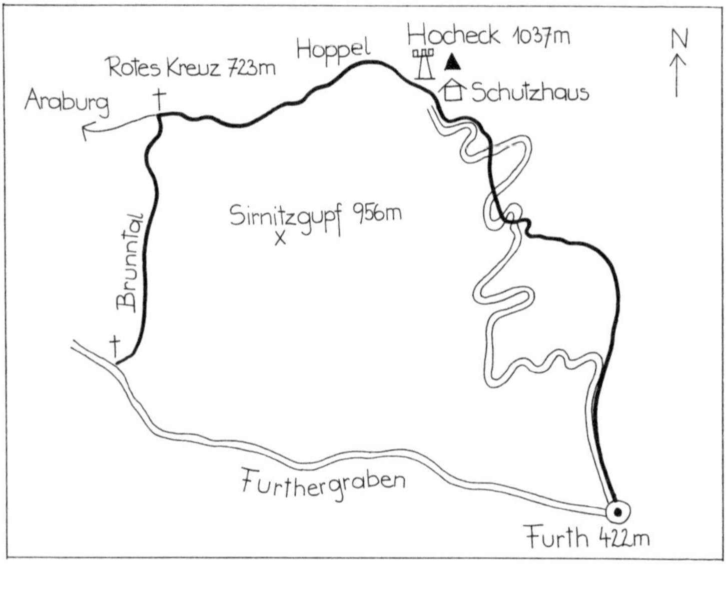

 Die fast unpassierbare Gippelmauer (Mitte) und Gippel (rechts)

Der Drei-Hütten-Weg

Eine Runde über Lindenstein-, Hainfelder- und Liasenböndlhütte

Eine der schönsten Rundwanderungen.

Gesamtgehzeit 4 Stunden, Höhendifferenz knapp über 500 m.

Hainfelder Hütte und Liasenböndlhütte auch im Winter an den Wochenenden bewirtschaftet.

Da der Weg erst im Oktober 1985 eröffnet wurde, ist er in den Karten noch nicht vollständig eingezeichnet. Bundesamtskarte 1:25.000 oder 1:50.000, Blatt 56 (St. Pölten); Freytag-Berndt „Wanderatlas Wiener Hausberge“ 1:50.000.

Der Kirchenberg bei Hainfeld ist nicht gerade touristisches Neuland, aus nahezu allen Richtungen führen gut markierte Wege auf den 922 m hohen Voralpengipfel, der sich als Skiberg einen Namen gemacht hat und in früheren Zeiten sogar Austragungsort von Meisterschaften war. Aber es entstehen doch immer wieder neue Routen auch in sehr bekannten Gebieten. Mit dem von den Naturfreunden Rohrbach an der Gölsen errichteten Drei-Hütten-Weg hat man einen Volltreffer erzielt. Die Einbeziehung des bisher fast unbekannten Lindensteins und der lieblichen neuen Lindensteinhütte in diesen Rundkurs ergibt eine Route, die man jedem Wanderer ans Herz legen kann.
Der Lindenstein nahe der gleichnamigen Hütte ist eine markante Felsnase, von der aus man eine traumhafte Aussicht in das Gölsental und zu den Kuppen des westlichen Wienerwaldes genießt. Der Rundblick vom Kirchenberg ist bekannt, in der alpinen Literatur oft beschrieben und bewundert, der Blick vom Lindenstein nicht weniger beeindruckend. Man freut sich von ganzem Herzen, daß dieser reizvolle Felszipf kein „Geheimtip“ mehr ist.
Ein Schmuckstückerl ist auch die kleine Lindensteinhütte, die ebenfalls vor nicht allzu langer Zeit errichtet worden ist. Wer

Die Sonnseite des Schneebergs mit Schönleiten und Bockgrube

das in einem zeltartigen Holzbau untergebrachte „Häusel“ aufsucht, wird sicher überrascht sein – in einem Brett befinden sich zwei Sitze: ein Doppel-Klo also.
Ein Tip: Auf der Liasenböndlhütte der Hainfelder Naturfreunde versteht man besonders schöne Sonnwendfeiern zu veranstalten. Bei Musik, einem mächtigen Feuer und mit meist vielen Leuten geht es hoch her. Und wenn man diese Sonnwendfeier – für den Heimweg Taschenlampen einstekken! – mit einem abendlichen Besuch des Lindensteins oder des Kirchenbergs verbindet, ergibt das eine stimmungsvolle und reizende Wanderung mit schönem, feurigem Ausklang.

*

Doch nun zum Drei-Hütten-Weg, der alle Voraussetzungen mitbringt, eine Standardtour in den an schönen Routen durchaus nicht armen Voralpen zu werden.
Ausgangspunkt der Runde ist der Ortsteil Ob der Kirche an der Bundesstraße westlich von Hainfeld. Autofahrer stellen am besten ihr Fahrzeug auf dem Parkplatz des nahen Friedhofs von Rohrbach an der Gölsen ab. Neben der Kreuzung der B 18 mit der Straße nach Rohrbach beginnt die grüne Markierung (gut beschildert).
Zuerst geht es über Wiesen gemütlich aufwärts. Man kommt am Schadenhof vorbei, dann führt der Weg durch einige Waldpassagen. Der ohnedies nicht sehr steile Weg wird dann flacher, man passiert ein kleines Anwesen und gelangt in einer weiten Kehre zur Lindensteinhütte, die auf einer Wiese liegt. Gehzeit ab Bundesstraße 18 rund eine ¾ Stunde.
Den kurzen Abstecher zum Lindenstein sollte man auf keinen Fall auslassen. Man steigt ein paar Minuten hinter der Hütte auf einem flachen Rücken an, dann ist man schon bei diesem Felszacken. Die letzten paar Meter geht es in einer sehr leichten Kletterei zum neuen Gipfelkreuz.
Auf der grünen Markierung geht es weiter bergauf. Die Forststraße, die man benützt, führt in einen Sattel, wo man auf die blaue Markierung stößt, die von Hainfeld über den Kirchenbauer heraufführt. Auf diese blaue Markierung schwenkt man nun ein. Der Fahrweg wird zum Steig, auch wird die Route zusehends steiler, da der Kirchenberg ein recht steiler Berg ist. In einer Serpentine erreicht man einen Rücken, dort hält man sich links und steigt zum Gipfel des Kirchenbergs auf, wo auch die Hainfelder Hütte des Österreichischen Touristenklubs steht. Gehzeit ab Lindensteinhütte etwa 1 ¼ Stunden.

Von der hinteren Terrasse der Hütte hat man die schönste Aussicht, lohnend ist auch der Besuch einer kleinen Kletterschule, die in südlicher Richtung liegt.
Für den Abstieg wählt man die rote Markierung zum Liasenböndl. In einigen Kehren geht es bequem den steilen Hang hinunter. Abkürzungen zahlen sich nicht aus, sie sind beschwerlich. In etwa einer ½ Stunde ist man auf der flachen Terrasse des Liasenböndls und bei der Naturfreundehütte.
Weiter geht es auf den roten Marken nach Hainfeld, dessen Zentrum aber nicht betreten wird. Bei der Kirche, die am Rande des verbauten Gebiets liegt, wechselt man auf die gelbe Markierung, die vor dem Friedhof vorbeiführt. Nach dem ersten Bauernhof sind die gelben Marken nur schwer zu finden, man vermeidet eine falsche Route, indem man sich etwa parallel zur Bundesstraße hält. Nach einer kurzen Steigung erreicht man knapp vor dem Schadenhof – vom Anstieg her bekannt – die grüne Markierung, und kehrt auf dieser zum Aufgangspunkt Ob der Kirche zurück. Gehzeit ab Liasenböndl 1 ½ Stunden.

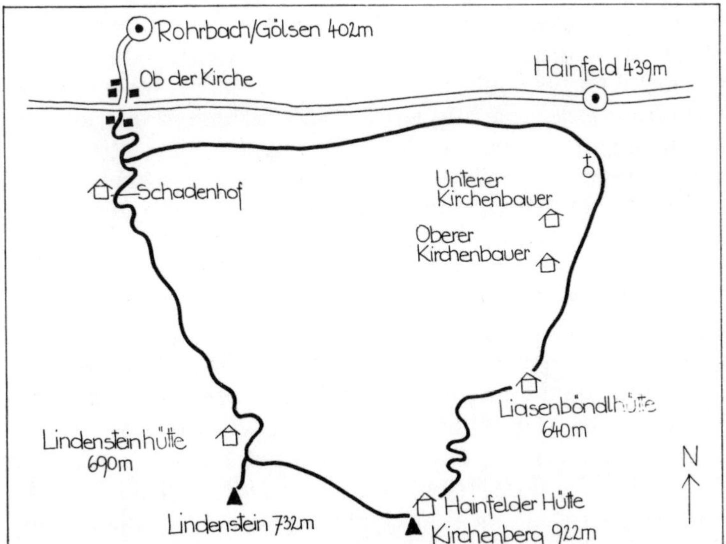

Die „rieselnde" Alpe

Eine Rundwanderung vom Süden auf die Reisalpe

Mittel anstrengende Wanderung.

Gesamtgehzeit 4 Stunden, Höhendifferenz etwa 650 m.

Reisalpen-Schutzhaus im Sommer bewirtschaftet, im Herbst an Wochenenden offen; Almhütte auf der Hinteralm im Sommer offen.

Bundesamtskarte 1:25.000 oder 1:50.000, Blatt 74 (Hohenberg); Freytag-Berndt „Wanderatlas Wiener Hausberge" 1:50.000.

Auf die Reisalpe steigt man der Aussicht wegen. Schon in den Urzeiten des Alpinismus zeigten sich die Autoren von dem Rundblick äußerst angetan. Die Aussicht sei „von ungewöhnlicher Schönheit und Ausdehnung", heißt es in der Beschreibung der Reisalpe aus der Zeit vor dem Ersten Weltkrieg. Aber lassen wir dem Autor weiter das Wort: „Den Glanzpunkt bildet die südliche und westliche Partie, insbesondere die Gruppe des mächtig aufragenden Schneeberges und die breitgelagerten Kuppen der Rax mit der ganz abgetrennt erscheinenden Heukuppe. Über der geschlossenen Kette, welche vom Obersberg über den Preineckkogel und die Gippelmauer zum schroffen Gippel zieht, schaut das Massiv der Schneealpe herüber. An den wuchtigen Stock der Veitsch reiht sich, in edlen Linien aufsteigend, der Göller, vor welchem die Hohenberger Talmulde gebettet ist. Über den Kämmen der Gruppe des Türnitzer Högers steigt die gewaltige, mit zahlreichen Gipfeln gekrönte Hochschwabkette auf, mit Hochschwab, Griesstein, Ebenstein, Brandstein. In der Ferne bohrt sich das Hochtormassiv der Ennstaler Alpen in die Luft. Über dem steilen Högergipfel winkt die Gemeindealpe bei Mariazell, im Vordergrunde glänzen die hohen Waldberge zwischen Erlaf und Traisen...

Es darf daher diese verhältnismäßig so leicht zu gewinnende Alpenhöhe als einer der lohnendsten Aussichtspunkte in Wiens weiterer Umgebung bezeichnet werden, denn die übertrifft in dieser Beziehung viele weit höhere Gipfel."

Früher wurde die Reisalpe wesentlich häufiger vom Süden als vom Norden bestiegen. Seit man mit dem Auto bis zur Ebenwaldhöhe fahren kann, ist die Nordseite des Berges überlaufen. Da man auch von Innerfahrafeld rund 5 km in das Dürrental hineinfahren kann – dort befindet sich ein Parkplatz –, sind die Anstiege vom Süden her nicht mehr so besonders lang und anstrengend.

Nach Westen weist der Berg eine imposante, brüchige Felsmauer auf, die gegen den sanften Südhang durch mehrere Klüfte getrennt ist. Nach Ansicht der Geologen deuten diese Klüfte darauf hin, daß die Mauer einmal in die Hannfeichten stürzen wird. Das morsche, in unzählige Platten aufgesplitterte Gestein macht Kletterversuche äußerst riskant. So schön der Ausblick von der Oberkante der Wände ist, nahe den Abbrüchen sollte man sich mit Vorsicht bewegen.

Der Name des Berges leitet sich offensichtlich von diesem brüchigen Gestein her, das ständig hinab-„rieselt".

Die eiserne Madonna, die am Gipfelkreuz angebracht ist, stammt von dem St. Aegyder Fabriksbesitzer Anton Fischer von Ankern, der sie 1864 als Dank für die Errettung von einem Felssturz gestiftet hat. Sie befand sich früher auf einem Eisenkreuz.

*

Ausgangspunkt ist das Dürrental bei Innerfahrafeld an der Strecke Freiland – Hohenberg. Durch das Dürrental (gelb markiert, Wegweiser an der Bundesstraße) kann man rund 5 km bis zu einem Parkplatz in rund 750 m Höhe fahren. Zu Fuß braucht man für diese Strecke rund 1 ¼ Stunden.

Vom Schranken führt die gelbe Markierung auf einer Forststraße nach Osten. Man erreicht nach etwa 25 Minuten eine freie Fläche, an derem Ende sich die Wege gabeln. Wir zweigen scharf nach links ab, ein schmaler, rot markierter Steig bringt uns sehr bald auf eine Alm. Und nun wandern wir auf der freien, nicht sehr steilen Fläche zur Höhe. Nach Passieren eines kleinen Waldstückes gelangt man auf die lange Gipfelwiese, die Markierung verläuft am linken Rand der Wiese, man kann natürlich auch die „Direttissima" wählen. Durch eine kurze Zone von windzerzausten Buchen kommen wir auf

die oberste Kuppe des Berges und zur Schutzhütte des ÖTK. Gehzeit ab Parkplatz 1 ½ Stunden.
Nun folgt der Abstieg nach Norden auf der blauen Markierung. Steil geht es in etlichen Kehren über das Reiterwieserl – das von den Skifahrern sehr geschätzt wird – hinunter, der Weg macht später eine Linkswendung, man erreicht die Kleinzeller Hinteralm mit einer im Sommer bewirtschafteten Hütte und einer guten Quelle. Gehzeit ab Reisalpe-Schutzhaus eine ¾ Stunde.
Auf der Hinteralm stoßen wir wieder auf die gelbe Markierung, der wir scharf nach rechts folgen. Ein Wegweiser fehlt zwar, der breite Fahrweg ist aber nicht zu verfehlen. Etwa eine ½ Stunde lang wandert man nun leicht bergauf und hat einen schönen Blick auf die Gutensteiner Alpen und später auf die Berge des Traisentales. Dann erreicht man einen Sattel, nun geht's ständig bergab. Auf dem steinigen Fahrweg kommt man zur Brennalm (Jagdhaus, Quelle) und in weiterer Folge zum Jagdhaus zurück. Gehzeit ab Hinteralm 1 ½ bis 1 ¾ Stunden.
Auf der Rückfahrt passiert man eine Felswand mit dem Eingang zur Schachernhöhle. Mit einer erforschten Ganglänge von 1.810 m und einer Höhendifferenz von 180 m gehört dieses Höhlensystem zu den größten in Niederösterreich.

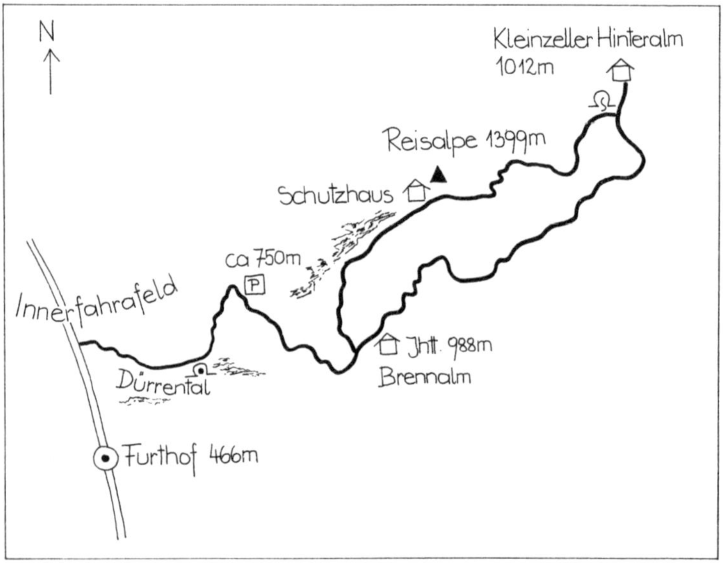

Der lange Kamm zum Höger

Rundtour von Türnitz über den Türnitzer Höger

Lange und anstrengende Wanderung, teilweise steil.

Gesamtgehzeit 6 Stunden, Höhendifferenz über 900 m.

Die Hütte nahe dem Gipfel ist nur vom 1. Mai bis Ende Oktober an den Wochenenden beaufsichtigt.

Tadellose Markierungen.

Bundesamtskarte 1:25.000 oder 1:50.000, Blatt 73 (Türnitz).

Der 1.372 m hohe Türnitzer Höger ist eine nicht zu übersehende Erscheinung in den niederösterreichischen Voralpen. Vor allem der lange, vom Tal bei Türnitz zum Gipfel ziehende Kamm sticht ins Auge. Auf diesem Kamm führt auch der bekannteste Anstieg zu einem der aussichtsreichsten Gipfel. Allerdings, der Weg aus den Niederungen des Traisentales zum höchsten Punkt des Berges zieht sich. Wie überhaupt der Türnitzer Höger kein leicht zu erreichender Berg ist. Egal welchen Ausgangspunkt man wählt, man hat einen langen Anstieg mit vielen starken Steigungen vor sich.

Das wieder hat den Vorteil, daß der Türnitzer Höger nie überlaufen ist. Zudem winkt als Lohn für die Mühen des Anstiegs eine Aussicht, die ihresgleichen in der näheren und weiteren Umgebung sucht. Der von einem kleinen Felsen gebildete Gipfel ist frei, man hat also einen ungehinderten Blick bis zu den Hochalpen und auch ins Alpenvorland hinein.

Die Schutzhütte knapp neben dem Gipfel ist nur von Mai bis Oktober an den Wochenenden beaufsichtigt, das heißt, man bekommt ausschließlich Getränke und kleine Speisen. Mit offenen Türen kann man nur von Samstag mittag bis Sonntag nachmittag rechnen. In der übrigen Zeit steht ein gut eingerichteter Winterraum zur Verfügung, bei halbwegs angeneh-

men Temperaturen hält man sich ohnedies auf dem Bankerl im Windschatten der Gebirgsvereins-Hütte auf.
Der Türnitzer Höger ist so recht nach dem Geschmack der Wanderer, die den Trubel meiden. Dort gibt es viele – nur mehr seltene – Blumen, die Wiesen und Wege sind nicht durch Abfälle verschandelt (was heutzutage schon eine Seltenheit ist), und wenn man sich halbwegs ruhig verhält, bekommt man auch tagsüber allerlei Wild zu Gesicht. Gäbe es nicht eine Forststraße, die den beim Aufstieg benützten Kamm zerteilt, könnte man meinen, auf dem Türnitzer Höger sei die Zeit stehengeblieben.
Im Nordhang des Berges, nicht sehr weit unter dem Gipfel, befindet sich ein ausgedehntes Höhlensystem mit dem Goldloch, das eine Tiefe von fast 90 m aufweist. Eine Befahrung bleibt den Höhlenforschern vorbehalten.
Im Türnitzer Höger gibt es sehr schöne Streckenwanderungen zur Paulmauer und weiter zur Zdarsky-Hütte, eine Rundtour bringt man aber nur zustande, wenn man einen längeren Straßenhatscher in Kauf nimmt. Man marschiert allerdings auf sehr wenig befahrenen Verkehrswegen, sodaß sich eine Runde über diesen aussichtsreichen und zum Glück noch recht einsamen Berg durchaus auszahlt.

*

Ausgangspunkt der Bergwanderung ist Türnitz, das auch mit öffentlichen Verkehrsmitteln (Bahn und Bus) sehr gut erreichbar ist. Beim Bahnhof beginnen die roten Marken des Weges Nummer 35, dem man folgt. Man wandert ebenen Weges in das Scharbachtal, bei der Waldandacht beginnt die Steigung. Durch einen Graben und über eine Lehne windet sich der Weg zum Kamm, den man beim Naturdenkmal Domenigfelsen erreicht. Und nun bleibt man fast immer auf oder knapp unterhalb der markanten Schneide, der man vom Tal nicht ansieht, wie lange sie tatsächlich ist. Kaum ist der eine Gupf erreicht, hat man den nächsten vor Augen.
Der 885 m hohe Geierstein ist eine ausgeprägte Erhebung auf diesem Höhenweg. Stärkere Steigungen wechseln mit flacheren Abschnitten, manchmal weicht der Weg in die rechte, südliche Flanke aus, doch kommt man immer wieder in die Nähe des Kammes zurück.
Von freien Flächen genießt man die Aussicht, schließlich kommt doch der Gipfel in Sicht, und man gelangt auf den höchsten Punkt des Högers, die Schutzhütte steht ein paar

Meter daneben. Gehzeit ab Bahnhof Türnitz 3 bis 3½ Stunden. Für den Rückweg wählen jene, die auf den Straßenmarsch verzichten wollen, die Aufstiegsroute, wobei man mit einer Gehzeit von etwa 2 ½ Stunden rechnen muß. Wir aber entschließen uns zur Runde, vielleicht findet sich ein Autofahrer, der einen von der Traisenbachrotte nach Türnitz mitnimmt. (Die meisten Autofahrer in dieser Gegend haben ein Herz für Wanderer, nur kommt halt selten ein Auto daher.)

Wir wählen für den Abstieg die rote Markierung Nummer 34 – hie und da findet man noch alte blaue Marken. Der Weg führt in östlicher Richtung über die Gipfelwiese und wendet sich bei einer nahen Quelle (Wegweiser) nach rechts. Am Rande einer weiteren Wiese gelangt man rasch tiefer. Über einen flachen Rücken geht es im Linksbogen in eine steile Lehne und zur Sohle des Högerbachgrabens, wo man auf eine Forststraße trifft. Dieser folgt man talabwärts. Es geht nun recht gemütlich dahin.

Beim Högerhof beginnt die Straße, die dort noch für den allgemeinen Verkehr gesperrt ist. Bald ist man in der Traisenbachrotte, wo die öffentliche Straße beginnt. Gehzeit ab Türnitzer Höger 1 ½ Stunden.

Für den Straßenmarsch nach Türnitz muß man mit einer weiteren Stunde rechnen.

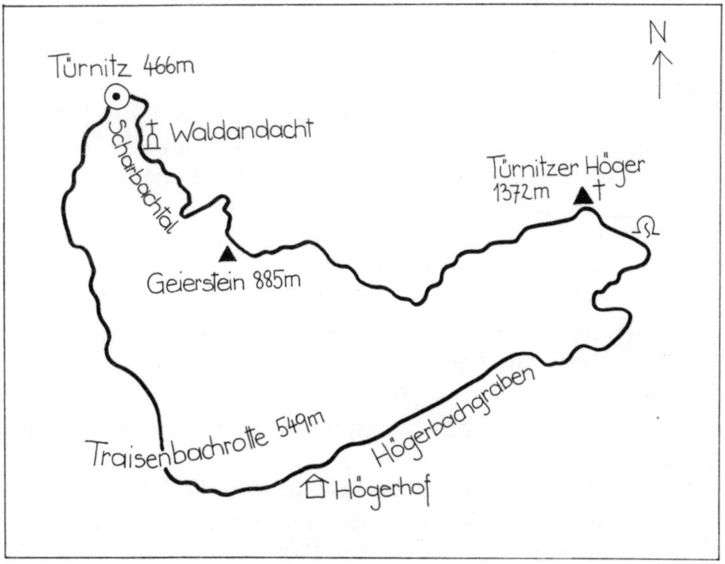

Im Schatten der Großen

Von Schwarzau im Gebirge auf den Handlesberg und in die Pax

Lange, aber sehr schöne Wanderung in einem wenig begangenen Gebiet.

Gesamtgehzeit rund 5 Stunden, Höhendifferenz rund 750 m.

Nur ein Gasthaus bald nach Beginn (Gruber-Franzl) als Stützpunkt.

Distanz zwischen End- und Ausgangspunkt muß mit dem Bus überwunden werden.

Bundesamtskarte 1:25.000 oder 1:50.000, Blatt 74 (Hohenberg).

Ganz im Schatten der Großen liegt der 1.370 m hohe Handlesberg. Gegenüber dem wesentlich prominenteren und höheren Schneeberg, in Reichweite von Rax und Schneealpe, hat er es schwer, es mit dieser Konkurrenz aufzunehmen. Noch dazu ist der Hausberg von Schwarzau, dem Anfangspunkt der Wanderung, eindeutig der Obersberg mit seiner Waldfreundehütte.

Dafür ist der Handlesberg kein überlaufener Gipfel, seine Besteigung bringt keine Punkte für eine Wandernadel ein, auf seinem Gipfel kann man sich keinen Stempel holen. Aber gerade deswegen ist er ein so reizvolles Ziel.

Im Frühling und im Frühsommer sind die Wiesen von Blumen übersät, mit etwas Glück kann man die scheuen Birk- und Auerhühner zu Gesicht bekommen. Vom Birk- und Auerwild leitet sich auch der Name des Berges her. Er ist ein Hahnl-Berg, ein Berg, auf dem man den kleinen (Birk-) und den großen Hahn (Auerhahn) trifft. Und hat mit Handel überhaupt nichts zu tun, obgleich sich immer wieder die falsche Schreibweise „Handelsberg“ findet.

Auf dem Handlesberg gehen anscheinend die Uhren langsamer. Nicht einmal das Forstgesetz nimmt man dort zur Kenntnis. Sobald man das Gebiet der Pax – der Name bedeutet

„Frieden“ und könnte nicht besser gewählt sein – betritt, wird man mit sinnlosen Verboten wie „Abweichen von markierten Wegen verboten“ und so weiter konfrontiert. Die Tafeln, die ein „befristetes“ forstliches Sperrgebiet ankündigen, sind schon seit Jahren aufgestellt. Von befristet kann da keine Rede mehr sein.
Falls man also einen Gipfel sucht, der so gar kein Modeberg ist, dann bietet sich der Handlesberg an. Ein abwechslungsreicher Weg, und die prachtvolle Sicht auf Schneeberg, Rax, Schneealpe, Obersberg, Großen Sonnleitstein, über die Voralpen und bis zum Wienerwald stellt auch anspruchsvolle Wanderer zufrieden. Vom oberen Rand der Freudentaler Mauer hat man einen sehr schönen Tiefblick in die Pax.
Die Überschreitung des Handlesberges sollte man nur an Tagen mit sicherem Schönwetter unternehmen, denn die Runde ist lang, und man findet kaum Unterstellmöglichkeiten vor, wenn man vom Schlechtwetter überrascht wird.

*

Die Wanderung beginnt in Schwarzau am Gebirge, wo es auch einen recht interessanten Naturpark gibt. Am nördlichen Ortsrand nach der Brücke beginnt die rote Markierung, die über die Schwarza und unter den Felsen des talbeherrschenden Falkensteins – an einer verfallenden Kapelle vorbei – zur Höhe führt. Bei Erreichen einer schmalen Straße findet man den Wegweiser „Schnaps, Most und Milch“, und diesem folgt man natürlich – wegen der Milch. Man kommt sehr bald zum Gruber-Franzl, einer kleinen Jausenstation.
Dann wendet sich der Weg in den Wald und führt über den verfallenen „Greger am Berg“ zu einer Forststraße, der man ein kurzes Stück folgt. Der Weg wendet sich nach links in einen Graben und auf eine freie Fläche, zweigt scharf links in den Wald ab und steigt steil zum Rand der Freudenthaler Mauer auf.
Nach rechts gelangt man nun über freie Wiesen zum höchsten Punkt des Handlesberges. Nicht einmal ein Steinmandel trägt dieser Gipfel, der zu den schönsten in den Voralpen zählt. Gehzeit ab Schwarzau im Gebirge 2 ½ Stunden.
Beim Abstieg folgt man der roten Markierung, die über den nach Osten und Nordosten ziehenden Kamm führt, und wandert einen Wildzaun entlang, der verhindert, daß das Wild vom Revier der Österreichischen Bundesforste in das Gebiet des Stifts Klosterneuburg – und umgekehrt – wechselt.

Man überschreitet den Großen Wildföhrenstein, weicht einer bizarren Felsgruppe in die linke Flanke aus und ersteigt den höchsten Punkt des Hahnstabs, der auch den Namen „Kleiner Wildföhrenstein“ trägt. Dann gelangt man in den Sattel vor der Bodingmauer.
Dort – mitten im Jungwald – wendet man sich nach links, überklettert auf einer Leiter den Wildzaun und steigt auf der roten Markierung im steilen Graben ab.
Quellen, die bald ein kleines Bächlein entstehen lassen, und die Reste einer alten Holzries kündigen die Lieblichkeit der Pax an. Bei einer großen Wildfütterungsstelle beginnt eine schmale Straße, der man – vorbei an einem imposanten Forsthaus – ein gutes Stück folgt. Dann wendet sich die rote Markierung über den Bach, und man wandert ebenen Weges hinaus in das Tal der Schwarza, das bei der Postautobushaltestelle Gscheiderwirt erreicht ist. Gehzeit ab Gipfel ca. 2 ½ Stunden.
Für Autofahrer ist es natürlich günstiger, schon am Morgen den Wagen beim Gscheiderwirt abzustellen. Es gibt eine günstige Frühverbindung mit dem Postbus, der Wanderer ist dann an keinen Fahrplan gebunden. Benützer öffentlicher Verkehrsmittel gelangen mit dem Bus nach Payerbach, wo sie Anschluß an die Züge der Südbahn haben.

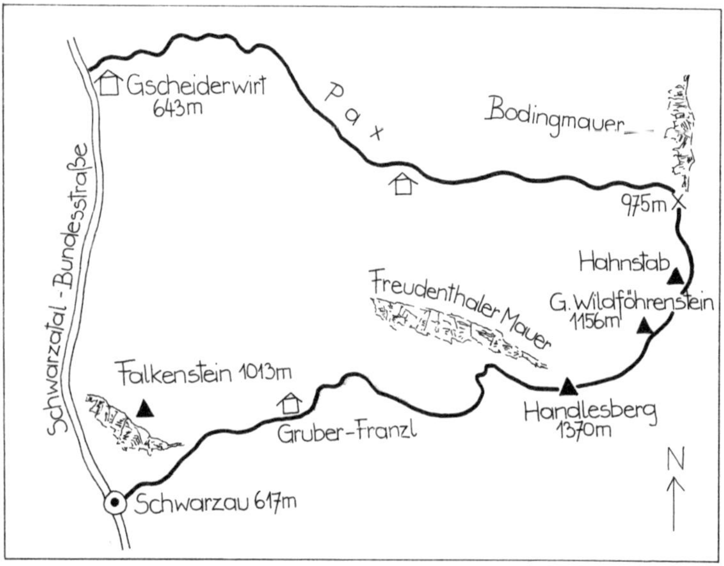

Der Höhenweg des Traisentales

Von Annaberg über Tirolerkogel und Eibel nach Türnitz

Relativ lange, aber nicht anstrengende Streckenwanderung, da 500 m Höhendifferenz mit dem Bus bezwungen werden.

Gesamtgehzeit 4½ Stunden, Höhendifferenz rund 500 m. „Abstieg“ vom Eibel mit Sessellift möglich.

Annabergerhaus in der Saison immer, im Winter zumind. an Wochenenden, Gasthaus bei Bergstation des Eibellifts ganzjährig bewirtschaftet.

Bundesamtskarte 1:25.000 oder 1:50.000, Blatt 73 (Türnitz).

„In der Rundschau treten am meisten das trotzige Haupt des Ötschers, an den sich Dürrenstein und Gemeindealpe reihen, dann die Ennstaler Berge mit Kaiserschild und Lugauer, die gipfelreiche Hochschwabgruppe, die Veitsch, der stolze Göller, die Massen der Rax und der mächtige Schneeberg hervor.“ So steht's in „Förster's Touristenführer“ aus dem Jahre 1914, die Rede ist vom 1.377 m hohen Tirolerkogel, der früher einmal Rainberg hieß und seinen heutigen Namen Tiroler Holzknechten verdankt, die in dieser Gegend arbeiteten.

Als Mitte der siebziger Jahre innerhalb nur kurzer Zeit die Hütte auf dem Tirolerkogel und dann die auf dem Eibel abbrannten, meinte man, daß die berühmte Überschreitung der beiden Berge aus der Mode käme. Weit gefehlt. Der „Höhenweg des Traisentales“ stand immer hoch im Kurs, und seit der Alpenverein das Annabergerhaus wieder aufgebaut hat, wird diese Route häufiger denn je begangen. Die Wanderer kommen dabei voll auf ihre Rechnung.

Nicht nur die Aussicht vom Tirolerkogel ist beglückend, man bewegt sich fast die ganze Zeit auf freien Flächen, von denen der Blick ungehindert in die Runde schweift. Die Sicht zum Eisenstein, zum Türnitzer Höger usw. ist nicht weniger schön als der Blick zu den felsigen Hochalpen.

Dazu kommt die einmalige Pflanzenwelt, die das Auge erfreut. Der schöne Bestand an Bergahorn auf der Karnerhofspitze fand schon oft Eingang in einen Landschaftskalender oder in den Lichtbildervortrag eines Bergfexen. Im Sommer hat man mit Weidevieh zu rechnen.
Daß Ausgangs- und Endpunkt dieser Tour mehr als 10 Kilometer auseinanderliegen, spielt keine Rolle, denn die Postbusse verkehren zu idealen Zeiten, sodaß man die Distanz zwischen Türnitz und Annaberg mühelos überbrücken kann. Die Post, so scheint's, kennt die Höhenwanderer sehr genau, denn nicht selten bleibt der Linienbus just an jener Stelle stehen, wo von der Bundesstraße der Fußweg zum Tirolerkogel abzweigt, um ein paar Wanderer aussteigen zu lassen. Das mag zwar nicht ganz den Bestimmungen entsprechen, ein Dienst am wandernden Kunden ist es ganz gewiß.

*

Ausgangspunkt des Traisentaler Höhenwegs ist Annaberg, das man mit dem Postautobus erreicht. Man wandert ein kurzes Stück auf der Bundesstraße zurück, bei einem Kreuz zweigt nach rechts die rote Markierung ab, der man folgt. Bei dieser Abzweigung sind auch die Öffnungszeiten des Annabergerhauses angegeben. In ganz leichter Steigung erreicht man den Sattel „Am Gscheid", dort gabelt sich der Weg. Man folgt den roten Marken (Wegweiser), die geradeaus leicht ansteigen. Auf einer Forststraße geht es zügig bergan. Bei einem felsigen Eck warnt eine Tafel vor Lawinengefahr, die Vorsicht gilt für die Skitourengeher, die ebenfalls gern vom Tirolerkogel zum Eibel queren. Man gelangt zu einer Alm mit neuen Hütten und erreicht über freies Terrain den Gipfel des Tirolerkogels mit dem Annabergerhaus. Gehzeit ab Annaberg 1 ½ Stunden.
Auf der roten Markierung wandert man über die freie Hochfläche weiter, man kommt zum Abbruch der Ödhofmäuer und steigt über einen Kamm ab. (Rechts im Graben befindet sich das früher bei den Skifahrern so gefürchtete Sterngassel, dessen Name ja eindeutig ist.) Vom Kamm wendet sich der schmale Steig in einen Schlag, schließlich gelangt man in einen Sattel zum Bergrettungshaus Österleinbrunn, das nur an Winterwochenenden – und da nicht immer – besetzt ist.
Nun folgt ein flacheres Stück, dann nimmt die etwas längere Steigung auf die Karnerhofspitze ihren Anfang. Auf den Hängen des Schafkogels steigt man an, schließlich gelangt man

wieder in freies Gelände. Über die Kuppe der Karnerhofspitze, deren höchster Punkt nicht betreten wird, wandert man weiter, sehr rasch senkt sich der Weg und führt in leichtem Gefälle hinab. Später wird der Weg etwas steiler, man passiert den Platz mit dem Rest des früheren Naturfreundehauses, das wahrscheinlich nie mehr wiederaufgebaut wird. Nun steigt der Weg über einen kleinen Sattel zum Gasthaus bei der Bergstation des Sessellifts an. Gehzeit ab Annabergerhaus rund 2 Stunden.
Auch der höchste Punkt des knapp über 1.000 m hohen Eibels wird nicht betreten.
Für konditionsschwächere Naturen bietet sich nun die Abfahrt mit dem Sessellift an, wir aber bewältigen die restliche Distanz natürlich zu Fuß. Auf der Lifttrasse oder in deren Nähe geht es die Wiesen hinab zur Talstation und auf einer schmalen Straße hinaus in den Ort. Gehzeit ab Eibel-Gasthaus eine ¾ Stunde.

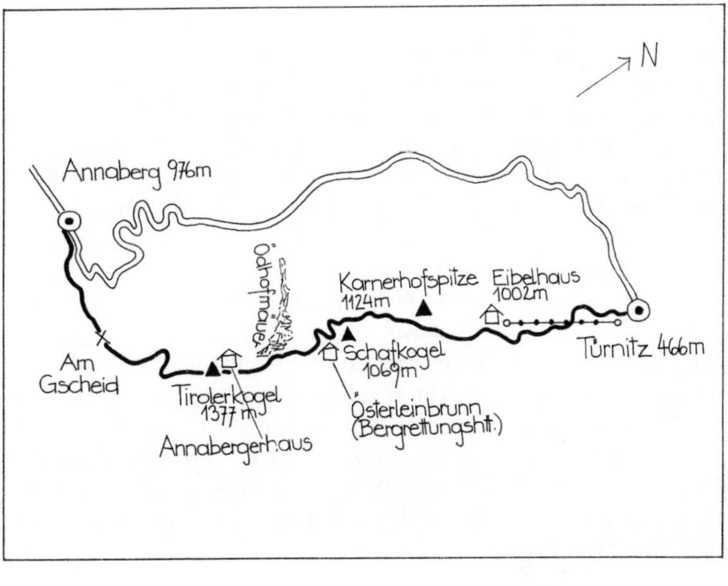

Überraschungen auf dem Güwi

Vom Weißenbachtal bei St. Aegyd am Neuwald auf den Gippel

Anstrengende Wanderung im alpinen Terrain.

Gesamtgehzeit 5 ½ Stunden, Höhendifferenz rund 1.000 m.

„Überraschungshütte“ auf der Gippelalm, nur Wochenendbewirtschaftung im Sommer.

Bundesamtskarte 1:25.000 oder 1:50.000, Blatt 73 (Türnitz) und Blatt 74 (Hohenberg); Freytag-Berndt „Wanderatlas Wiener Hausberge“ 1:50.000.

Auf den Karten ist die Privathütte auf der Gippelalm, etwa zehn Minuten vom Normalanstieg entfernt, noch nicht eingezeichnet, es hat sich aber längst herumgesprochen, daß man an den Wochenenden auf der Gippelalm Speis und Trank erhält. Und daß dem Wirt der Schalk im Nacken sitzt.
Auch wenn an der Tür ein Schild „Bitte läuten“ angebracht ist, drückt man besser nicht auf die Klingel, denn dann preßt man sich einen Dorn in den Finger. Telefon, Fernsehapparat sind ebenso Attrappen wie der Stromzähler, denn auf der Gippelalm gibt es keine elektrische Energie. Ein Schmäh ist der Fahrradverleih in 1.500 m Höhe, obgleich Fotos beweisen, daß der Gippel schon mit Drahteseln bezwungen worden ist. Und wie ist eine Strafverfügung einzustufen, die wegen Verabreichens von Alkohol an einen Tragesel ausgestellt wurde?
Ich habe den Hüttenwirt bei einer Skitour im Hochschwabgebiet kennengelernt, da erzählte er von seiner Hütte auf dem Güwi, den er für einen der schönsten Berge hält. Zwar sei er nur etwas mehr als 1.600 m hoch, aber die einmalige Aussicht, die vielen Blumen machten die Besteigung zu einem Erlebnis. Ob wir denn noch nie etwas vom Güwi gehört hätten? Nein!

Eine Schande sei es für den Autor von Wanderbeschreibungen, ätzte mein Freund, noch nichts vom Güwi gehört zu haben. Bis sich herausstellte, daß jener, der vom Güwi schwärmte, aus St. Aegyd am Neuwalde stammte. „Güwi" heißt auf st.-aegydisch „der Gippel". Und den kannten wir natürlich.

Bis 1963 war der Gipfel für Bergsteiger gesperrt und durfte nur mit Bewilligung der Forstverwaltung bestiegen werden. Mit der Jagdsperre nimmt man es heute noch sehr ernst. Im Jahre 1974 beobachtete man in diesem Gebiet erstmals einen Steinbock, seit einigen Jahren sind Murmeltiere auf dem Gippel angesiedelt. (Mit Kreuzottern muß man ohnedies rechnen.) Auch der Steinadler ist – bei einigem Glück – zu beobachten.

Geradezu einmalig aber ist die Blumenwelt des Gebiets. Im Frühjahr wandert man auf einem Blumenteppich, in dem der Petergstamm und die Clusiusprimel dominieren.

*

Ausgangspunkt der Wanderung ist das Weißenbachtal südlich von St. Aegyd am Neuwalde. Bis zum Gehöft Zögernitz kann man mit dem Auto fahren, Benützer öffentlicher Verkehrsmittel kommen um einen 4-km-Straßenhatscher nicht herum. Knapp neben dem Gehöft zweigt rechts die rote Markierung ab. Über einen Hang und später über einen Rücken erreicht man den Ursprungkogel, wo das Gelände flacher wird. Dann aber beginnen die langen Kehren, die den steilen Hang hinauf bis unter die Felsen der Gippelmauer führen. Der Treibsteig überwindet die felsige Zone in imponierender Trassenführung. Schließlich erreicht man das 1.530 m hoch gelegene Gippeltörl. Gehzeit ab Gehöft Zögernitz 2 ½ bis 3 Stunden.

Im leichten Abstieg in einen Sattel und kurzem Gegenanstieg erreicht man – unmarkiert, aber gut beschildert – in etwa 10 Minuten die Gippelhütte. Hält man sich am Gippeltörl scharf rechts und steigt man entlang des Kammes auf, gelangt man in etwa einer ½ Stunde zum Gipfel des Gippels, von dem aus man eine hervorragende Fernsicht zum Hochschwab, ins Ötscherland und über die Gipfel der Voralpen genießt. Nicht weniger imposant ist der Blick über die steile Felswand ins Tal bei Kernhof.

Der Abstieg erfolgt am besten auf der Anstiegsroute. Man braucht vom Gipfel bis zum Zögernitz etwa 2 Stunden.

Eine Rundtour ist auf dem Gippel nur schwer zu machen.

Der Steinerne Stadel am Weg vom Finkenhaus nach Wöllersdorf

Relativ häufig wird der Übergang zur Hofalm und zum Göller gemacht, dieser Weg ist gut markiert, aber ebenfalls lang und anstrengend.
Ein Blick auf die Karte könnte zu einer Runde über die Gippelmauer ermuntern, wobei man im Preinecksattel auf eine Markierung ins Weißenbachtal stößt. Von dieser Runde, die immer wieder in der alpinen Literatur aufscheint, ist dringend abzuraten, denn die Gippelmauer ist dicht mit Latschen bewachsen, die undurchdringlich sind und obendrein tief hinab in die Waldzone reichen, sodaß man immer in einem weiten Bogen ausweichen muß und gleich mehrere hundert Höhenmeter verliert.
Hie und da finden sich zwar Steigspuren, diese verlieren sich aber immer wieder in dem steilen und gefährlichen Gelände. Man kann zwar den oberen Rand der Gippelmauer erreichen, indem man den Weg durch einige wenige Latschengassen sucht, eine Überschreitung des Kammes ist praktisch unmöglich.
Allerdings, vom oberen Rand der Felsen der Gippelmauer genießt man eine Aussicht, die jener vom doch etwas höheren Gippel in keiner Weise nachsteht.

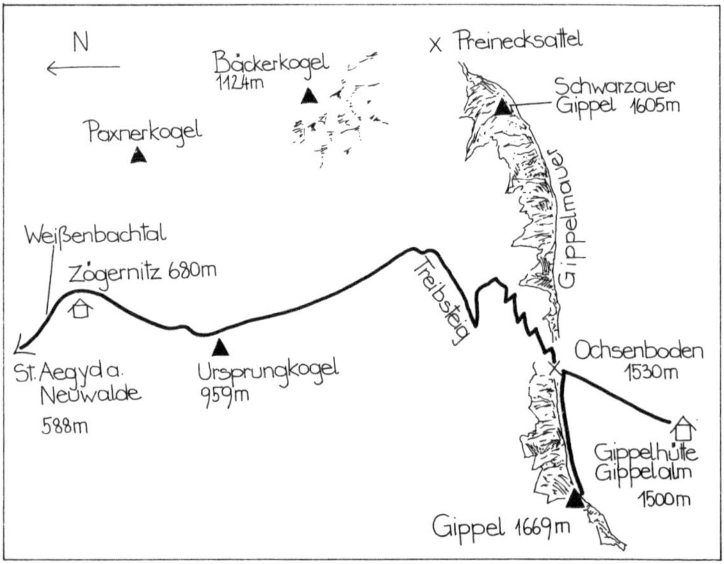

Das Geheimnis der Kartäuserhöhle

Von Gaming zur denkmalgeschützten Höhle im Schwarzenberg

Die Kartäuserhöhle gehört zu den interessantesten Zielen in Niederösterreich.

Gehzeit Gaming-Kartäuserhöhle 1½ Stunden, für die gesamte Runde 3 bis 3½ Stunden.

Kein Stützpunkt.

Höhlenbesuch setzt gute Ausrüstung voraus, auch Trittsicherheit ist wichtig.

Bundesamtskarte 1:25.000 oder 1:50.000, Blatt 72 (Mariazell).

Über den im Jahre 1084 von Bruno von Köln gegründeten Kartäuserorden schwebte immer schon ein Geheimnis. Die Mönche waren zu strengstem Schweigen verpflichtet, sie ernährten sich vegetarisch, hatten kaum miteinander Kontakt und mußten in ihren Särgen schlafen, um immer an den Tod erinnert zu werden. Sie wohnten auch nicht in Zellen, sondern hatten eigene Häuschen, um völlig isoliert leben zu können.
In Gaming im niederösterreichischen Erlauftal stand die größte Kartause der deutschen Ordensprovinz: 1330 gegründet, von Josef II. 1782 aufgelöst. (Weitere Kartausen in unserer Heimat gab es in Mauerbach und in Aggsbach.)
Die Kartäusermönche von Gaming gaben und geben ein Rätsel auf, das bis heute seiner Lösung harrt – und möglicherweise nie gelöst werden wird. Im Jahre 1926 schrieb ein Adolf Zeller aus Gaming einen Brief an die Bezirkshauptmannschaft Scheibbs, in dem er von einer Höhle im Schwarzenberg berichtete, in der sich seltsame Inschriften befanden. Es stellte sich schließlich heraus, daß es sich um Namen von Kartäusermönchen handelte, die sich in der Höhle aufgehalten hatten.
Aus welchem Grund? Man weiß es nicht. Ob sie dort in aller Stille und totaler Finsternis meditierten? Oder einer Prüfung unterzogen wurden?

Die älteste Inschrift stammt aus dem Jahre 1512, als das Kloster schon fast 200 Jahre existierte. Auch der letzte Prior der Kartause, Stephanus Braun, verewigte sich 1759 in der sogenannten Inschriftenhalle. Die Kartäuserhöhle ist leicht zu finden und zu erreichen, weil sie nahe einer Forststraße liegt. Es bedarf aber einigen Mutes, um bis zu den Inschriften vorzudringen.

Die Höhle steht selbstverständlich unter strengem Denkmalschutz, was leider nicht verhindert hat, daß einige der kulturhistorisch sehr wertvollen Inschriften mit modernen Initialen „verziert" wurden. Die Inschriften sind Dokumente der Geschichte unserer Heimat. Sie sind zum Bestaunen da, nicht zum Berühren und schon gar nicht zum Beschmieren.

Ich habe lange überlegt, ob ich die Wanderung zur Kartäuserhöhle veröffentlichen soll. Da aber in letzter Zeit mehrere Publikationen mit einer Beschreibung der Höhle erschienen sind, möchte ich die interessante Tour auch meinen Lesern nicht vorenthalten.

*

Ausgangspunkt der Wanderung zur Kartäuserhöhle ist Gaming. Man geht in Richtung Schleierfall. Am Ortsende zweigt links die Wasserfallstraße ab, nach kurzer Steigung erreicht man mehrere Häuser, wo sich die zur Gföhleralm führende rote Markierung findet. Dieser Markierung folgt man zuerst über eine Wiese. Dann führt sie in einen relativ steilen Graben und zu einer breiten Forststraße. Dieser folgt man nach links.

Bei einer Abzweigung hält man sich in spitzem Winkel nach rechts. Bei der zweiten Linkskehre in rund 800 m Seehöhe führt ein schmaler, ausgeprägter Felskamm nach Nordwesten hinab. In diesem Kamm, etwa 30 bis 40 m unter der Straßenkehre, befindet sich die Kartäuserhöhle. Gehzeit ab Gaming 1 ½ Stunden.

Der Höhleneingang ist nur auf steilen, gefährlichen Steigspuren erreichbar.

Von dem verhältnismäßig engen Eingang führt ein etwa mannshoher, 40 m langer und sehr steiler Gang in die Tiefe. Der Boden ist mit Laub, Geröll und rutschiger Erde bedeckt, im Frühjahr muß man auch mit Schneeresten rechnen, welche die Verhältnisse nicht gerade besser machen.

Ist man am tiefsten Punkt des Ganges, beginnen erst die Schwierigkeiten. Denn nun folgt ein etwa 6 bis 8 m langer

Schluf, den man nur kriechend – und zwar mit dem Kopf voraus – bewältigen kann. Erst dann ist man in der Inschriftenhalle, die ebenfalls an die 40 m lang und relativ geräumig ist.
Man wird also schmutzig beim Besuch der Inschriftenhalle der Kartäuserhöhle. Und man braucht genügend Licht. Fackeln sind freilich streng verpönt, weil sie die Inschriften und auch die Fledermäuse gefährden. Höhlenforscher, die es ja wissen müssen, raten zu vierfacher Lichtquelle, um allen Eventualitäten vorzubeugen. Schließlich können Taschenlampen auch ausfallen, und in die Inschriftenhalle dringt kein Tageslicht. Also: Vier Taschenlampen und die entsprechende Kleidung!
Nochmals die Bitte: Beschädigen Sie, bitte, die Inschriften nicht, diese sind wertvoll und unersetzlich. Beschädigen Sie auch die anderen Teile der Höhle – insbesondere die Tropfsteinbildungen – nicht.
Der Besuch der Kartäuserhöhle läßt sich mit einer unschwierigen Rundtour verbinden, man muß also nicht auf der Anstiegsroute wieder absteigen. Man wandert auf der Forststraße weiter aufwärts bis nahe dem verfallenen Gföhlhaus, dort trifft man auf die rote Markierung, die durch das enge und steile Ebertal zum Ausgangspunkt zurückführt. Gehzeit ab Höhle 2 Stunden.

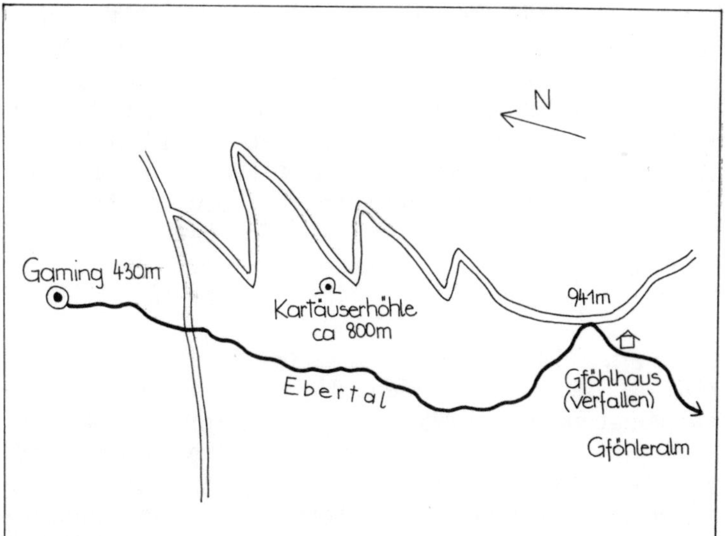

Auf und der Kuah nach . . .!

Rundtour vom Preiner Gscheid über den Altenbergersteig auf die Rax

Lange und anstrengende Wanderung im hochalpinen Bereich.

Gesamtgehzeit 6 bis 6½ Stunden, Höhendifferenz über 1.000 m.

Karl-Ludwig-Haus des ÖTK ist das ganze Jahr bewirtschaftet.

Ein kurzes Wegstück ist unmarkiert, man geht da auf einer Forststraße.

Bundesamtskarte Rax – Schneeberg 1:25.000; Freytag-Berndt „Wanderatlas Wiener Hausberge".

Schon um die Mitte des vorigen Jahrhunderts klagte man über den Rückgang der Almwirtschaft auf der Rax, die man damals nicht anders als „Raxalpe" bezeichnete. Nach 1875 führte Josef Rabl in einer Rax-Monographie acht in Betrieb stehende Almwirtschaften an, von denen heute keine einzige mehr besteht, der Autor gab an der Misere den Almbesitzern Schuld, die „überhaupt gar nichts zur Beförderung der Ertragfähigkeit des Alpenbodens thun". Die gute alte Zeit war damals schon hundert Jahre vorüber, denn um 1750 war zur Sommerzeit die Raxalpe stark belebt. (Was sich heute noch durch die verfallenen Hüttenzäune gut nachweisen läßt.)
Längst ist die Bedeutung der Almwirtschaft auch wissenschaftlich untermauert, aufgelassene Almen haben eine Erhöhung der Bodenerosion, Muren und rutschende Hänge zur Folge. Almwirtschaft ist Landschaftspflege.
Umso erfreulicher ist es, daß es auf der Rax bis heute Almen gibt, die „bestoßen" werden. Die Grasbodenalm oder die Taupentalalm sind zwei Beispiele dafür. Und erstaunlicherweise wird das Vieh nicht vom Preiner Gscheid etwa über den Schlangenweg aufgetrieben, sondern wie von altersher auf dem wesentlich alpineren Altenbergersteig, auf dem auch wir zum Raxplateau und zu dem schon in der Steiermark liegen-

den Gipfel wandern wollen. Die mitunter scherzhaft gemeinte Aufforderung „Auf und der Kuah nach ...“ ist daher wörtlich aufzufassen.

Das Rindvieh wird's wohl nicht zu schätzen wissen, daß der Altenbergersteig zu den landschaftlich schönsten auf der an schönen Steigen reichen Rax zählt. Wenn man die Karreralm und bald darauf die Waldgrenze hinter sich gelassen hat, reicht ungehindert der Blick zur Schneealpe. Und je höher man hinaufkommt, desto mehr Gipfel steigen hinter dem Horizont herauf.

Zudem hat der Altenbergersteig einen nicht zu unterschätzenden Vorteil: er wird kaum begangen. Selbst an schönen Herbsttagen, wenn man auf dem Preiner Gscheid keinen Parkplatz mehr findet und an manchen Steigen im Großen Höllental Platzkarten ausgegeben werden müßten, ist man auf der Route nahe des westlichen Endes der Rax allein. Es sei denn, man erwischt gerade den Tag des Almabtriebs.

Die Aussicht vom Gipfel der Rax ist einmalig und reicht an klaren Tagen bis zum Dachstein und zu den Nockbergen. Bei Schlechtwetter kann die Rax selbst dem erfahrenen Bergsteiger gefährlich werden.

*

Ausgangspunkt der Rax-Runde ist das Preiner Gscheid, das auch mit dem Bus sehr gut erreicht werden kann. Bei der Talstation des Schleifliftes beginnt die gelbe Markierung des Reißtaler Steiges, dem man folgt. Einen kleinen Bach – mit vielen winzigen Wasserrädern – geht es entlang, dann führt der Steig meist durch Wald zügig zur Höhe. Man erreicht eine Forststraße und folgt dieser nach links zur unbewirtschafteten Reißtalerhütte. Gehzeit ab Preiner Gscheid 1 ¼ Stunden.

Nun verläßt man besser die Markierung, die einen Umweg macht, und bleibt auf der leicht fallenden Forststraße, bis sich von rechts die blaue Markierung nähert. Die Straße macht dann eine scharfe Linkskehre, die blauen Marken, denen man folgt, führen geradeaus. Zuerst geht es bergauf, dann hält man die Höhe, kommt ein Stück auf eine grausliche Forststraße, passiert die Abzweigungen zum Kleinen und Großen Fuchsloch und steigt zur Karreralm auf, wo man auf die rote Markierung trifft. Gehzeit ab Reißtalerhütte 1 ¼ Stunden.

Nach der Almhütte überschreitet man einen grasigen Rükken – der Weg ist nun sehr gut rot markiert – und steigt ein kurzes Stück in ein schottriges Kar ab, quert die steinige

Lehne und steigt am gegenüberliegenden Rücken in vielen Serpentinen – die Waldgrenze ist bald überschritten – auf. Vorbei an den Felszacken des Hohen Steins geht es relativ steil bergauf, knapp vor dem Hochplateau ist der Weg durch massive Holzgeländer gesichert. (Man hat dabei sicher nicht an die Wanderer gedacht.)

Schließlich erreicht man die Hochfläche und einen Wegweiser, von dort bieten sich zwei Varianten an:

- Man marschiert auf der roten Markierung über den Gipfel zum Karl-Ludwig-Haus,
- man quert auf der blauen Markierung unter der Heukuppe zu dem Schutzhaus des Österreichischen Touristenklubs. Zeit gewinnt man dabei nicht viel.

Gehzeit ab Karreralm etwa 2 Stunden.

Für den weiteren Abstieg bietet sich nun der rot markierte, steinige, aber ungefährliche Schlangenweg an, der in vielen Kehren am Hang unterhalb des Predigtstuhls in den Siebenbrunn-Kessel und von dort auf der Trasse der Skiabfahrt zurück zum Preiner Gscheid führt. Gehzeit ab Karl-Ludwig-Haus 1 ½ Stunden.

Vom Siebenbrunn-Kessel ist im leichten Gegenanstieg in wenigen Minuten das Waxriegelhaus der Naturfreunde zu erreichen.

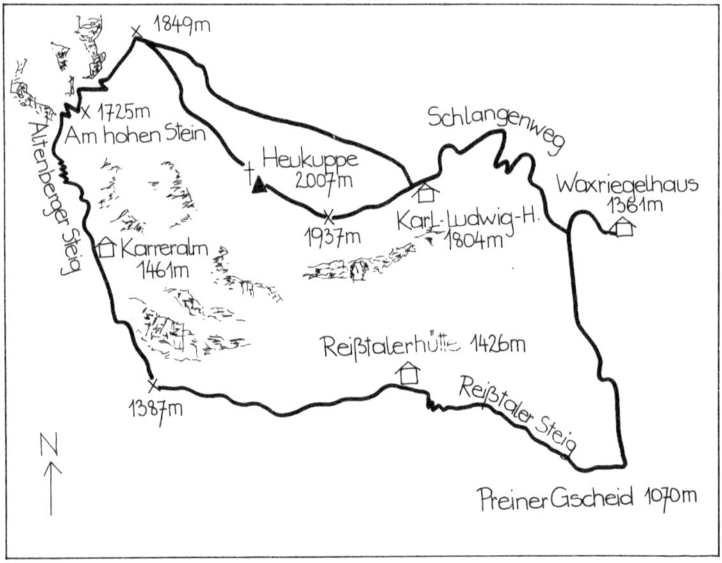

Mit Blick auf die Preinerwand

Rundtour von der Griesleiten über den Göbl-Kühn-Steig auf die Rax

Anstrengende, aber sehr schöne Wanderung in hochalpinem Gebiet.

Gesamtgehzeit 5 Stunden, Höhenunterschied rund 1.000 m.

Waxriegelhaus ganzjährig bewirtschaftet, die Seehütte nur in der Saison.

In der Preiner Schütt ist auch die Markierung schlecht.

Bundesamtskarte Rax – Schneeberg 1:25.000; Freytag-Berndt „Wanderatlas Wiener Hausberge".

Weit über ein halbes Tausend Wander- und Kletterrouten scheinen im Raxführer auf. Ein Mangel an Anstiegen auf diesen beliebten Hausberg der Wiener – der sich seit längerem auch steigender Beliebtheit bei den Steirern erfreut – herrscht also sicher nicht. Es ist daher auch kaum die Frage zu entscheiden, welche dieser vielen Routen die schönste sei.
Aber: Zu den schönsten und interessantesten Steigen auf der Rax zählen zweifellos der Göbl-Kühn-Steig und der Holzknechtsteig, die man zu einer schönen und erlebnisreichen Rundwanderung kombinieren kann. Von beiden Steigen genießt man einen wundervollen Blick auf die mächtige und stark gegliederte Preinerwand, die auch als ein Dorado der Kletterer gilt. Wenn man in der Griesleiten mit dieser Runde beginnt, hat man die Preinerwand schon vor Augen, der Holzknechtsteig führt direkt unter den Felsabstürzen vorbei.
Da der Holzknechtsteig durch die Preiner Schütt führt, wird man ihn besser im Abstieg begehen, weil der Anstieg durch die große Schotterhalde doch sehr anstrengend ist. Bei der Begehung der Schütt ist Vorsicht geboten und Trittsicherheit notwendig.
Auf der Runde kommt man auch am Schröckhenfux-Kreuz vorbei, es erinnert an das erste tödliche Unglück auf der Rax.

Am 3. September 1856 stieg der Wiener Kaufmann August Schröckhenfux mit zwei Freunden bei Schönwetter auf den Berg. Auf dem Hochplateau wurden die drei von einem Unwetter überrascht. Die Kräfte des Kaufmannes reichten nicht mehr für den Abstieg, man ließ ihn in einer windgeschützten Mulde zurück und holte Hilfe. Als die Rettungsexpedition aus der Prein eintraf, war August Schröckhenfux „erfroren und verschmachtet“. Das Kreuz ist eine Mahnung: Die Rax ist nach wie vor ein gefährlicher Berg.
Und sie ist wieder ein Berg der Blumen und Blüten. Seit viele der Bergsteiger darauf achten, daß in diesem Naturschutzgebiet die Blumen auch tatsächlich geschützt werden, hat sich die Pflanzenwelt erholt. Im Frühjahr und Sommer präsentiert sich die Rax in einem Blütenschmuck, der seinesgleichen sucht. Jedermann sollte beitragen, daß dieser Zustand noch lange erhalten bleibt.

*

Ausgangspunkt unserer Wanderung auf die Rax, bei welcher der schon in der Steiermark liegende Gipfel nicht betreten wird, ist die Griesleiten, die man über Prein – beim Gewerkschaftsheim abzweigend – erreicht. In der Saison fährt auch der Bus bis in die Griesleiten. Beim Forsthaus der Stadt Wien beginnt die gelbe Markierung, die den Weg weist. Einige Serpentinen der Forststraße kann man durch den Graben „abschneiden“, dann wandert man fast ebenen Wegs zum Griesleitengraben. Nun wird das Gelände steiler, nach einem scharfen Linksknick führt die gelb markierte Route steil die Bachleiten hinan. Schließlich erreicht man die blaue Markierung, und auf blaugelb gekennzeichnetem Weg gelangt man in wenigen Minuten zum Waxriegelhaus der Naturfreunde. Gehzeit ab Griesleiten 1 ½ Stunden.
Nun ein kurzes Stück zurück, dann zweigt man nach links auf den gelb markierten Göbl-Kühn-Steig ab, der – stellenweise auch steil – in den Osthang des Waxriegels hinaufführt. Man quert den Langenmann-Graben, der bis in den Frühsommer von den Skifahrern und Firngleitern frequentiert wird. Der Weg führt über die Blechmäuern in einen Sattel, wo die Neue Seehütte steht. Gehzeit ab Waxriegelhaus 1 ½ Stunden.
Ein Abstecher zum Preinerwand-Kreuz – auf dem höchsten Punkt der Preinerwand – bietet sich schon wegen der herrlichen Fernsicht und wegen des Tiefblicks in die Prein an. Er nimmt etwa eine ½ Stunde in Anspruch.

Von der Preinerwand geht es in Richtung Seehütte zurück, nahe dem Schröckhenfux-Kreuz zweigt nach Süden der rot markierte Holzknechtsteig ab.
Schon nach wenigen Minuten erreicht man die Preiner Schütt, die größte Schotterhalde im gesamten Gebiet. Der Weg, der natürlich etwas schwer zu finden ist, nähert sich der Königsschußwand, die von dieser Seite aber nur ein schmaler Felskamm ist. Dann führt die Route nach links direkt zum untersten Sporn der Preinerwand. Besonders im Frühjahr ist in diesem Bereich der Weg meist durch Lawinen und Muren arg in Mitleidenschaft gezogen.
Ab dem Felssporn – wo auch der Haid-Steig durch die Preinerwand abzweigt – ist der Weg wieder tadellos und leicht zu finden. Man gelangt in eine Latschenzone, kommt bald in den Wald und zum Bachingerbründl, das köstliches frisches Wasser liefert.
Dort hält man sich rechts – rot, später grün markiert – und steigt über einen Wiesenrücken und durch Wald, zweimal eine Forststraße querend, zu der vom Aufstieg her bekannten gelben Markierung ab, auf der man wieder die Griesleiten erreicht. Gehzeit ab Preinerwand-Kreuz 1 ¾ bis 2 Stunden.

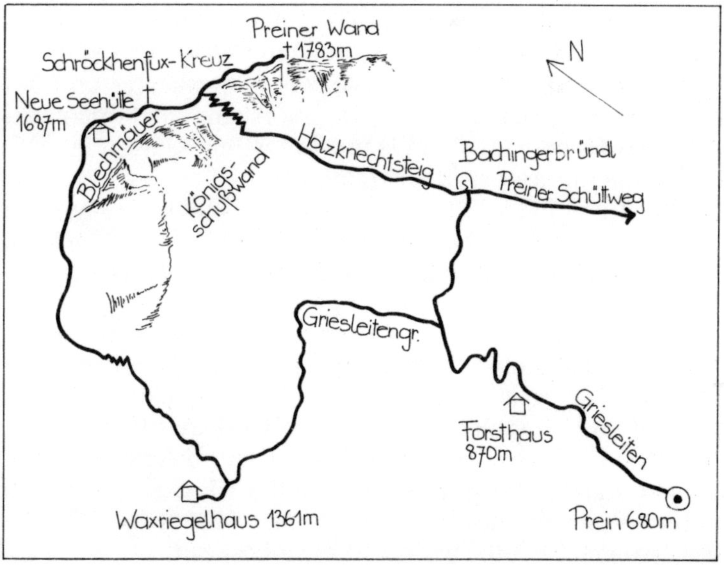

Schneeberg für Bequeme

Von der Bergstation der Bahn über Gipfel und Schönleiten

Nicht sehr lange, mäßig anstrengende Wanderung in hochalpiner Region.

Gesamtgehzeit 3 ½ bis 4 Stunden, Höhendifferenz bergauf rund 300 m, bergab rund 700 m.

Damböckhaus und Fischerhütte – beide gehören dem ÖTK – während der Betriebszeit der Bahn Ende April bis Anfang November geöffnet.

Bundesamtskarte Rax – Schneeberg 1:25.000; Freytag-Berndt „Wanderatlas Wiener Hausberge".

Am 25. September 1897 wurde die Zahnradbahn auf den Schneeberg feierlich eröffnet. Die Festgäste kamen in Uniform und Frack. Im Jahr darauf – exakt am 28. Juni 1898 – ging das nahe der Bergstation dieser Zahnradbahn gelegene Hotel Hochschneeberg in Betrieb. Offensichtlich hatten sich die beiden Wiener Theaterarchitekten Fellner und Helmer, die auch das Ronacher, das Wiener Volkstheater und das Konzerthaus erbauten, an Frack und Abendkleid orientiert, denn das Hotel wies einen Damensalon mit Klavier, ein Billardzimmer und einen Rauchsalon auf.
An der Bahn hat sich bis heute wenig geändert, es dampfen noch immer die alten Lokomotiven aus dem Jahre 1897 auf den Berg, der Salonwaggon mit Plüschfauteuils ist allerdings verschwunden, und die Betriebszeiten wurden – vor allem in letzter Zeit – arg reduziert. Das Hotel jedoch ist modernisiert, dort fallen heutzutage nicht einmal mehr Bergsteiger auf.
Der Schneeberg allein ist der alte geblieben: ein mächtiger, schöner und bei schlechtem Wetter gefährlicher Berg.
Im Jahre 1573 stand als erster „Tourist" der belgische Hofbotaniker Kaiser Maximilians II., Carolus Clusius, auf seinem Gipfel. Wann der höchste Punkt Niederösterreichs (2.075 m) das erstemal betreten wurde, ist nicht bekannt.

1802 schrieb der Professor an der k. k. theresianischen Ritterakademie in Wien, J. A. Schultes, über den Schneeberg: „Mit Entsetzen kehrt man das Auge hinweg von diesen grauenvollen Bildern, mit beiden Händen klammert man sich an den Felsentrümmern fest und mit keuchender Brust hat man endlich den Gipfel bestiegen." Schultes wollte von diesem Gipfel auch das Riesengebirge und die Adria gesehen haben. Die Dinge ins rechte Lot brachte der Autor eines 1874 erschienenen Schneebergführers: „Bedenken wir, daß das schwere Rindvieh diesen Weg ruhig dahinwandelt, so wird es doch dem Menschen ein Leichtes sein, darüber hinwegzukommen."

Der Schneeberg lockte schon früh die Bergsteiger an, 1839 entstand an der Stelle des mittlerweile abgerissenen Baumgartnerhauses eine Gaststätte, am 6. Juli 1873 wurde das Damböckhaus eröffnet, 1885 erbaute der Österreichische Touristenklub die Fischerhütte.

Und der erste Bericht von Halbschuhtouristen auf dem Schneeberg stammt aus 1839. Ein Herr in Frack und Beinkleid, eine Dame in Sommerrobe mußten auf dem Ochsenboden halb erfroren und mit zerrissenen Leinenschuhen umkehren, ohne den Kaiserstein erreicht zu haben.

*

Ausgangspunkt ist die 1.792 m hoch gelegene Bergstation der Zahnradbahn, die man mit dem Zug von Puchberg erreicht. Auf der grünen Markierung geht es über einen sanften Rücken hinweg auf den Ochsenboden, wo das Damböckhaus steht. Über den Almboden wandert man fast eben dahin, dann geht es über einen felsigen Rücken östlich der Hackermulde steil bergauf, wobei die Kehren einer Zubringerstraße zur Fischerhütte abgeschnitten werden. Nach etwas mehr als einer Stunde ist man bei der 2.049 m hoch gelegenen Hütte, die sich in den letzten Jahren sehr zu ihrem Vorteil verändert hat.

Vom nahen Kaiserstein hat man einen herrlichen Tiefblick in die Breite Ries und das Puchberger Tal.

Nach der Rast wandert man auf der gelben Markierung durch einen kleinen Sattel zum höchsten Punkt des Berges, dem Klosterwappen, das leider durch eine Funkstation des Bundesheeres verschandelt ist. Nicht einmal eine ¼ Stunde benötigt man für den „Gipfelsturm", die Aussicht ist an klaren Tagen atemberaubend.

Für den Abstieg soll nun der breite Rücken der Schönleiten

westlich der Bockgrube gewählt werden. Eine – nicht immer sehr gute – grüne Markierung weist den Weg vom Klosterwappen in südlicher Richtung. Es geht ziemlich steil bergab, besondere Schwierigkeiten bereitet der Weg aber nicht. Fast genau nach 500 Höhenmetern trifft man nahe der Waldgrenze auf den rot markierten südlichen Grafensteig, dem man nun nach links folgt. Gehzeit ab Schneeberggipfel eine ¾ Stunde.
In ständigem Bergauf und Bergab – wobei man am Salzriegel sogar die 1.600-m-Marke übersteigt – geht es nun auf der Sonnseite des Schneebergs dahin. Bockgrube und Saugraben bilden einen eindrucksvollen landschaftlichen Rahmen, der Kuhplagge sieht man an, daß sie im Winter extrem lawinengefährlich ist.
Man passiert den Platz, wo das Baumgartnerhaus gestanden ist, das aus Wasserschutzgründen abgerissen werden mußte.
Auf einem breiten Weg gelangt man zur Haltestelle Baumgartner, die auch eine Gaststätte beherbergt. Gehzeit ab Schönleiten 1 ½ Stunden.
Für den weiteren Weg nach Puchberg zieht man besser die Zahnradbahn vor.

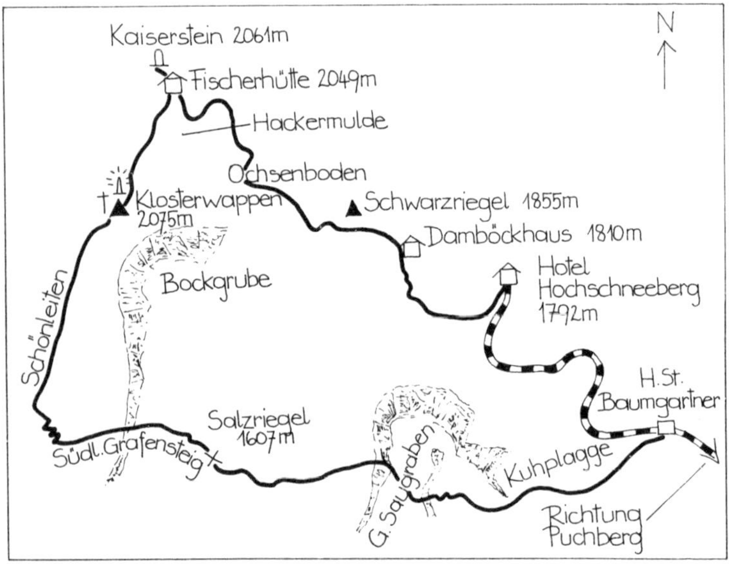

Römer am Fuß des Schneebergs

Vom Klostertaler Gscheid über die Römerstraße und die Dürre Leiten

Interessante Wanderung im Vorfeld des Schneebergs, mäßig anstrengend.

Gesamtgehzeit 3 ½ bis 4 Stunden, Höhendifferenz rund 500 m.

Gasthaus auf der Mamauwiese, Sparbacherhütte und Edelweißhütte das ganze Jahr offen.

Wege gut markiert.

Bundesamtskarte Rax – Schneeberg 1:25.000; Freytag-Berndt „Wanderatlas Wiener Hausberge".

Das Höllental zwischen dem Schneeberg und der Rax war bis in die zweite Hälfte des 18. Jahrhunderts ungangbar. Bis Kaiserbrunn konnte man vordringen, dann aber versperrte eine unüberwindliche Schlucht den Weg. Die nördliche Seite des Schneebergs hingegen war schon in der Antike von einem wahrscheinlich sehr stark frequentierten Weg durchzogen. Über die Mamauwiese führt eine auch wissenschaftlich nachgewiesene Römerstraße, auf deren Trasse man heute noch wandern kann. Und diese Römerstraße soll unser Ziel sein, wobei wir sie in eine schöne Runde einbeziehen.
Die Straße, die offenbar auch dem wichtigen Salztransport diente, ist in ihrem gesamten Verlauf nicht mehr bekannt, sie dürfte aber Teil einer Verbindung vom Alpenvorland in das Wiener Becken gewesen sein.
Die Mamauwiese – im Winter auch eine recht gute Langlaufgegend – gilt als eine der schönsten Almen im Schneeberggebiet. Die Sage berichtet, daß einst die Kühe auf der Mamauwiese wesentlich größer als anderswo gewesen seien, weil sie von kleinen, arbeitsamen Bergmännchen stets gut behütet und gefüttert wurden. Die Männchen verlangten keinen Lohn, nur ab und zu wollten sie auf den Kühen reiten. Als ihnen das ein Hirt verbot und sie sogar mit seiner Peitsche

bedrohte und züchtigte, zogen sie sich auf die Dürre Leiten zurück. Seither unterscheidet sich die Almwirtschaft auf der Mamauwiese durch nichts von anderen.
Heute macht offensichtlich der Fremdenverkehr einen Teil des Schadens, der durch den Rückzug der Bergmännchen entstand, wieder gut, zumal die Zufahrt zum Gasthaus auf der Mamauwiese auch im Winter offengehalten wird.
Die herrliche Wiese unterhalb der Dürren Leiten muß sich manchmal auch die Bezeichnung „Maumauwiese“ gefallen lassen. Diese Schreibweise schien sogar auf einem Plakat auf, das für den Langlauf auf dieser Wiese warb. Richtig aber heißt es „Mamauwiese“.
Der Aufstieg vom Klostertaler Gscheid zur Sparbacherhütte wird heute nur selten begangen, denn die Konkurrenz des Sessellifts, der von Losenheim bis in die Nähe der Hütte führt, ist offensichtlich groß. Das hat den Vorteil, daß man auf einer der klassischen Routen zum Schneeberg auf der Nordseite mit „Karawanen“ nicht rechnen muß.

*

Ausgangspunkt unserer Wanderung ist der kleine Weiler an der nördlichen Auffahrt zum Klostertaler Gscheid, der mit öffentlichen Verkehrsmitteln leider nicht sehr gut zu erreichen ist.
Auf der roten Markierung Nummer 231 geht es auf der gut ausgebauten Güterstraße in Richtung Mamauwiese, bald aber zweigt der Weg nach rechts in einen Graben ab. Die Route wendet sich über einen Rücken zur Höhe, man passiert eine Forststraße – die auf der Trasse des ehemaligen Römerweges angelegt worden ist – und wendet sich steil den Hang hinauf. Später gelangt man in einen Graben, der sich zum Verbindungskamm von der Lift-Bergstation zur Sparbacherhütte hinaufzieht. Die Sparbacherhütte oder die gemütliche Edelweißhütte bilden die erste Station auf unserer Runde. Gehzeit ab Klostertaler Gscheid 1 ½ Stunden.
Nun ist man direkt am Fuß des Schneebergs, von hier nimmt auch der bekannte Fadensteig seinen Ausgang. Wir wenden uns jedoch nicht dem höchsten Berg Niederösterreichs zu, sondern wenden uns nach Osten.
Der rot markierte Weitwanderweg 201 bzw. 231 – der in diesem Bereich auch Teil des blaugelb gekennzeichneten niederösterreichischen Landesrundwanderweges ist, bietet sich für unsere weitere Route zur Mamauwiese an. Man überschreitet

 Unter der Großen Kanzel der Hohen Wand (Blick zum Schneeberg)

einen kleinen felsigen Gupf, dann wendet sich der Weg auf den Kamm zur Dürren Leiten. Man kommt auch an einem mächtigen Ahornbaum vorbei, der einen Stammumfang von mehr als 5 m hat, und steigt – viele Aussichtspunkte passierend – steil zu der großen Wiese ab, wo sich das Gasthaus als weiterer Stützpunkt anbietet. Gehzeit ab Edelweißhütte etwa 1 Stunde.
Von der Mamauwiese sind einige Abstecher möglich, zum Beispiel zur Schoberkapelle oder zum romantischen Sebastian-Wasserfall. Sie sollen aber hier unbeachtet bleiben.
Vom Gasthaus weg geht es auf den Römerweg, der rot markiert ist. Er führt vorerst über die flache, große Wiese und wendet sich später in den Hang. Bei Erreichen einer neuen Forststraße hält man sich rechts und gelangt so ohne Schwierigkeiten zur roten Markierung, die man vom Anstieg her schon kennt. Auf der bekannten Route kehrt man zum Ausgangspunkt der Wanderung zurück. Gehzeit ab Mamauwiese etwa 1 Stunde.

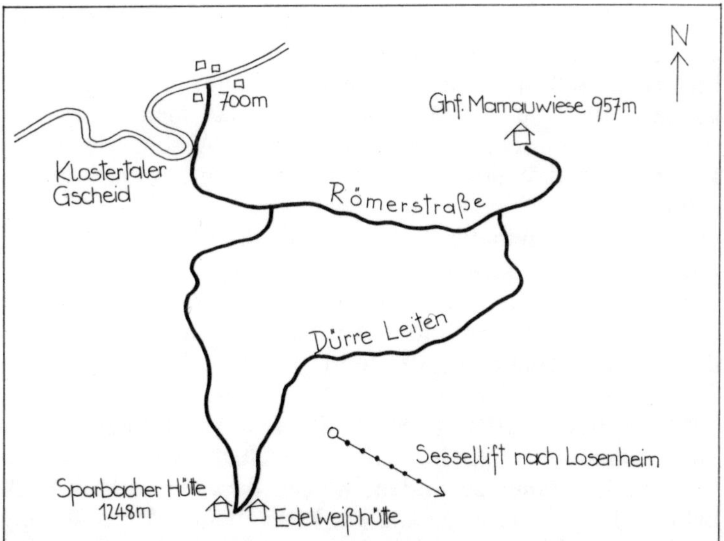

Die neue alte Holzriese

Von Payerbach durch die romantische Eng auf den Krummbachstein

Lange, anstrengende Wanderung.

Gesamtgehzeit 6 Stunden, Höhendifferenz 1.100 m.

Bewirtschaftung des Friedrich-Haller-Hauses auf der Knofeleben ist unsicher.

Für Krummbachstein und Wassersteig Schwindelfreiheit und Trittsicherheit Voraussetzung.

Bundesamtskarte Rax – Schneeberg 1:25.000; Freytag-Berndt „Wanderatlas Wiener Hausberge".

Über hundert Jahre besteht der Steig durch die schluchtartige Eng bei Payerbach. Wenn dieser Mariensteig sehr häufig begangen wurde und wird, dann nicht zuletzt deswegen, weil in der engen Klamm die Reste einer alten Holzriese zu bewundern sind. Die kilometerlange Rinne, aus Baumstämmen zusammengesetzt, diente bis in die fünfziger Jahre der Holzbringung. Daß sie verfiel, bedauern nicht nur die Bergsteiger, sondern alle, die der Meinung waren, daß man dieses hölzerne Bauwerk als Denkmal der schweren Arbeit, welche die Holzfäller und Waldarbeiter einst zu leisten hatten, erhalten sollte.

Gesetzliche Handhabe gab es keine, die Riese in der Eng unter Schutz zu stellen, aber als die Wiener Naturfreunde 1981 an das Forstamt der Stadt Wien herantraten, wenigstens ein Stück der interessanten Anlage wiederherzustellen und dann so zu behandeln, als stünde es unter Denkmalschutz, fanden sie offene Ohren.

Und so gibt es wieder ein Stück alte neue – oder neue alte – Holzriese an der engsten Stelle der Schlucht. Es war nicht so einfach, Holzfäller zu finden, welche die alte Technik noch beherrschten. Und es gelang ein Meisterstück. Etwa 40 lang ist die neue Riese, man kann sie vom Original kaum unter-

scheiden: nur Holzzapfenverbindungen, kein eiserner Nagel, die Abstützungen getreu dem Vorbild. Obendrein hat man noch eine Unterstandshütte hingestellt, die ebenfalls einem alten Vorbild nachgebaut ist.
Die Wanderung durch die Eng auf den Krummbachstein ist aber nicht nur der Holzriese wegen zu empfehlen, der Krummbachstein gehört zu den schönsten Gipfeln unserer Heimat. Von dem felsigen Zacken über dem Höllental hat man nicht nur eine schöne Sicht auf den Schneeberg, auf Rax und ins Wechselgebiet, auch der Blick in die Ebene beeindruckt. In älteren Wanderbeschreibungen wird immer wieder der Sonnenaufgang vom Krummbachstein besonders hervorgehoben.
Sonnenaufgänge sind außer Mode gekommen, offensichtlich weil man nicht so früh aufstehen will. Das ist schade, denn die ersten Tagesstunden auf einem Gipfel mit Sicht nach allen Seiten zu verbringen, ist immer ein Erlebnis.

*

Ausgangspunkt der Tour ist der Bahnhof Payerbach-Reichenau. Direkt beim Bahnhof beginnt die rote Markierung, die zum Schneedörfl und oberhalb des Thalhofs zum Beginn des 1878 erbauten Mariensteigs führt. Der erste Teil dieses Weges ist sogar gesichert.
Der Anstieg durch die Schlucht bringt eine Fülle von Eindrükken, bei der zweiten Engstelle trifft man auf die neue alte Holzriese, die ein bißchen Wehmut aufkommen läßt, wenn man bedenkt, wie schonend für die Landschaft früher die Holzbringung war und wie scheußlich heute manche Forststraßen sind.
Bald gabelt sich dann der enge Graben, wir wenden uns nach links in den Promiskegraben – gelbe Markierung –, steigen weiter an und ereichen eine Forststraße, der wir ein Stück folgen (dieser Straße mußten Reste der Holzriese geopfert werden). Dann geht es nach links den Hang hinauf, bis eine freie Fläche erreicht ist und man abermals auf eine Forststraße stößt, und erreicht das Friedrich-Haller-Haus auf der Knofeleben. Gehzeit ab Bahnhof Payerbach-Reichenau 2 Stunden.
Will man es bei einer gemütlichen Wanderung belassen, steigt man nun auf der Anstiegsroute wieder ab. Konditionsstärkere Naturen gehen den Krummbachstein an. Man wechselt auf die grüne Markierung, die sich bald nach dem Haller-Haus

nach rechts dreht und durch den Wald steil emporwindet. Bald ist man auf einer felsigen Schneide, der man nun folgt. Der Weg ist nicht ausgesetzt, aber steil und steinig. Bis zum Gipfel des Krummbachsteins (1.602 m) braucht man 1 Stunde. Auf der roten Markierung steigt man in nordöstlicher Richtung – vorbei an der unbewirtschafteten Alpenfreundehütte – bis in den Krummbachsattel ab. Dort wendet man sich scharf nach links. Gehzeit ab Gipfel eine ½ Stunde.
Der rot markierte Wassersteig führt uns zurück auf die Knofeleben. Der Weg an der Westflanke des Krummbachsteins ist schmal, teilweise ausgesetzt und bei Nässe oder gar Schnee auch gefährlich. Schwierige Teile des Weges sind gesichert. Sehr schöne Sicht zum Wasserofen mit den letzten unerstiegenen Wänden des Schneeberggebietes. Man kehrt auf die Knofeleben zum Friedrich-Haller-Haus zurück. Gehzeit ab Krummbachsattel 1 Stunde.
Der weitere Abstieg führt über die Anstiegsroute durch die Eng. Man braucht vom Hallerhaus bis zur Bahnstation Payerbach-Reichenau 1 ½ Stunden.

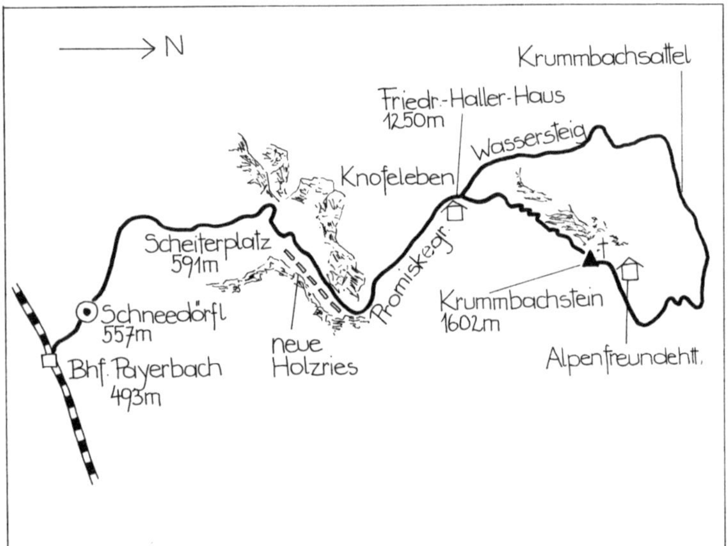

Der Franz-Jonas-Steig

Rundtour von Hinternaßwald auf den Großen Sonnleitstein

Anstrengende, aber sehr lohnende Besteigung eines steilen Berges.

Gesamtgehzeit 5 ½ Stunden, Höhendifferenz rund 900 m.

Kein Stützpunkt auf der ganzen Runde, aber eine gute Quelle auf der Ameiswiese.

Gut markierte Wege.

Bundesamtskarte Rax – Schneeberg 1:25.000; Freytag-Berndt „Wanderatlas Wiener Hausberge"

Wenn vom Großen Sonnleitstein die Rede ist, kommen viele ins Schwärmen. Was durchaus verständlich ist, denn der Berg mit seinen steilen Flanken und den Felsabbrüchen nach Norden bietet viele Gründe, ihn aufzusuchen:

- Die Aussicht vom freien Gipfel ist einmalig,
- da alle Anstiege – zumindest teilweise – sehr steil sind, ist der Berg nicht überlaufen,
- dazu kommt eine einmalige Pflanzenwelt, besonders im Frühjahr ist der Große Sonnleitstein voll von den Blüten des Petergstamms und der Clusiusprimel, später findet man das Weiße Waldvögelein, den großblütigen Fingerhut, die wunderschöne Türkenbundlilie und verschiedenste Enzianarten.

Als im Jahre 1979 wegen der vielen Windbrüche eine Forststraße zur Ameiswiese und auf den Plutschenboden gebaut werden mußte, fiel diesem Transportweg der Kaisersteig zum Opfer, der den einzigen Zugang zum Sonnleitstein bildete. Der ehemalige Reitsteig, auf dem die kaiserlichen Boten nach Mariazell ritten, verschwand unter der nicht sehr schönen Straße.

Da nahmen zwei Mitglieder der Wiener Naturfreunde – ein Journalist und ein Postbeamter – den von allen für aussichtslos angesehenen Plan in Angriff, einen alten, schon in der

Zwischenkriegszeit aufgelassenen und nur mehr von den Jägern benützten Steig durch den Oselgraben wieder herzurichten und zu markieren. Es gab große Schwierigkeiten, allerdings keine unlösbaren, weil der Forstdirektor der Stadt Wien, Senatsrat Hans, und der damalige Umweltschutzstadtrat Peter Schieder großes Verständnis zeigten. Und dann flatterte eines Tages ein amtlicher Bescheid ins Haus, dessen Amtsdeutsch sich folgendermaßen in die Umgangssprache übersetzen ließ: Der Weg darf hergerichtet und markiert werden. – Was auch sofort geschah.
Und nun führt durch den Oselgraben ein neuer, alter – nach dem früheren Bundespräsidenten Franz Jonas benannter – Steig auf einen der schönsten Berge unserer Heimat.

*

Ausgangspunkt der Wanderung ist Hinternaßwald, zuerst wandert man am Forsthaus vorbei zu einer Weggabel, wählt den rechten – blau markierten – Ast und bleibt auf der Forststraße, bis sie die erste scharfe Linkskehre macht. Dort geht es geradeaus in den steilen Oselgraben hinein. Bei den ersten Bäumen findet man auch die rote Markierung des Franz-Jonas-Steiges.
In vielen Kehren geht es zum Teil sehr steil bergauf, hie und da hat man einen Blick auf die zerklüftete Kudlmauer östlich des Oselgrabens.
Nach ungezählten Kehren gelangt man zu einer flachen Terrasse und zum Ende einer Forststraße. Man behält die Richtung bei und erreicht – nun in weniger steilem Gelände – einen Kamm, dem man nach links folgt. Die Markierung bleibt immer auf dem teilweise schmalen Rücken und wendet sich erst später wieder in den Südhang des Großen Sonnleitsteins hinein.
Eine steile Geländestufe überwindet der schmale, aber gute Steig in Kehren, dann wird der Weg – nicht aber der Hang – flacher, man erreicht freies Gelände und stößt bei einer Baumgruppe auf die über die Ameiswiese zum Gipfel führende gelbe Markierung des alten Anstiegs.
Man zweigt nach rechts auf die gelbe Markierung, es folgt ein kurzes, aber steiles Stück, dann ist man auf einem Rücken. Von diesem wendet man sich nach rechts unter die Felsen und ersteigt in einem Linksbogen über steiles Terrain den Gipfel, der seit einigen Jahren auch ein Gipfelkreuz trägt. Gehzeit ab Hinternaßwald 3 Stunden.

Auf der gelben Markierung kehrt man nun bis zur Abzweigung des Franz-Jonas-Steigs zurück, hält sich dort scharf rechts und steigt weiter entlang der gelben Marken ab. Nach zwei Kehren folgt eine lange, stetig fallende Passage bis zu einer romantischen Wiese, wo sich der Weg in die Fallinie wendet, und in etlichen Kehren geht es durch ein Stück Wald – dann quert man die Forststraße – und über eine Aufforstung tiefer zum Forsthaus der Stadt Wien auf der Ameiswiese. Dort kann man sich auch an einer köstlichen Quelle laben. Gehzeit ab Großem Sonnleitstein eine ¾ Stunde.
Auf der gelben Markierung geht es weiter in einen engen Graben mit einem Bach. Neben einem Wasserfall steigt man steil in Kehren zur Forststraße, die hier auf der Trasse des alten Reitsteigs verläuft. Nun ist man auf der blauen Markierung des Kaisersteigs, man hält sich links und steigt auf der Forststraße ab. Die Abkürzung von zwei Straßenkehren zahlt sich kaum aus, denn der „Abschneider" ist schlecht.
Nach einer langen freien Fläche (Holzschlag) kommt man in den Wald. Ehe die Straße den Oselgraben erreicht, zweigt die Markierung nach rechts – man kürzt eine Kehre – und gelangt nach Hinternaßwald. Gehzeit ab Ameiswiese rund 1 ¾ Stunden.

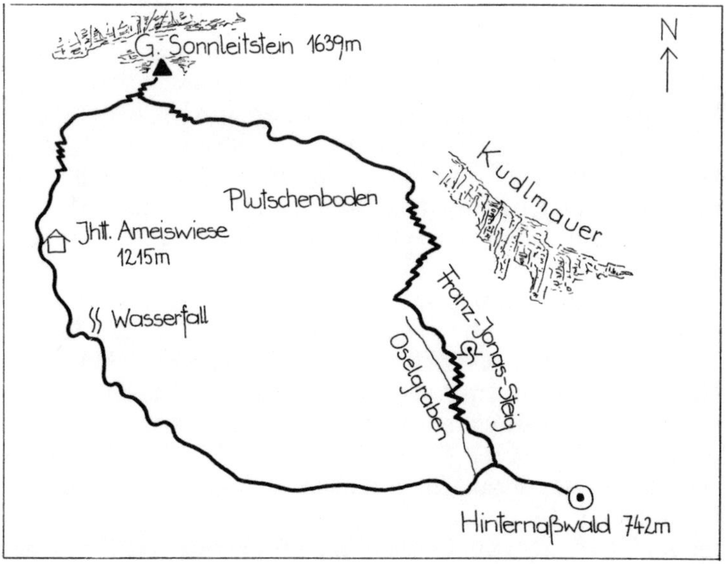

Das Erlebnis Grenzriegel

Eine Rundtour von Hinternaßwald zum Ameisbühel

Sehr anstrengende alpine Wanderung, die Schwindelfreiheit und vor allem Trittsicherheit verlangt.

Gesamtgehzeit 6 bis 6½ Stunden, Höhendifferenz 1.100 m.

Lurgbauerhütte während der Almsaison bewirtschaftet.

Der Grenzriegel ist unmarkiert, alle anderen Wege gut markiert und beschildert.

Bundesamtskarte 1:25.000, Blatt 104 (Mürzzuschlag), die Karte unbedingt mitnehmen.

Ich mag jenen nicht widersprechen, die den Grenzriegel als den schönsten Anstieg auf die Schneealpe bezeichnen. Allerdings, noch schöner als der Anstieg über den Kamm, der einen Teil der steirisch-niederösterreichischen Grenze bildet – daher auch der Name –, ist der Abstieg.

Wege über Kämme und Grate sind immer ein besonderes Vergnügen, denn man hat nach beiden Seiten ungehinderte Sicht. Was etwa auch nahezu ausschließt, daß man vom Schlechtwetter überrascht wird. Vom Grenzriegel, der sich vom 1.828 m hohen Ameisbühel der Schneealpe nach Norden senkt, genießt man einen traumhaften Blick in das beginnende Mürztal auf der einen und in den Talkessel von Hinternaßwald auf der anderen Seite.

Beim Aufstieg hat man stets die Hänge des Ameisbühels vor sich, blickt man aber beim Abstieg nach vorne, hat man Obersberg, Sonnleitstein, Gippel, Göller und die Gipfel bis hin zu den Hochalpen vor Augen. Allerdings, Gehen und Schauen zugleich ist auf dem Grenzriegel etwas problematisch, denn der Kamm ist schmal und im oberen Teil auch sehr steil. Es gibt auch keinen Weg, keine Markierung, man muß mit Steigspuren auskommen. Die fehlende Markierung kann zu Orientierungschwierigkeiten im Übergang vom Grenzriegel zum Freiner Boden – der mitunter auch Ameiswiese genannt wird – führen. Außerdem verlangt die Begehung des Grenzriegels Trittsicherheit. Sonst aber wird man an diesem Weg seine helle Freude haben. Obgleich man das weite Plateau der Schneealpe nur am Rande betritt, ist bei Nebel und Sturm besondere Vorsicht geboten, bei Schlechtwetter unterläßt man die Tour am besten.

*

Ausgangspunkt ist Hinternaßwald. Die rote Markierung führt zur Wasseralm und biegt dann nach links an den Fuß eines steilen Hanges. An einer Schottergrube vorbei kommt man auf eine Forststraße, die schließlich flach in einen kahlen Hang führt, auf dem die Spuren der Sturmkatastrophe des Jahres 1976 noch immer sehr deutlich zu sehen sind.

Vom Ende der Straße führt ein schmaler Steig zwischen Baumstrunken aufwärts, in einigen Kehren gewinnt man rasch an Höhe. Endlich umfängt einen unversehrter Hochwald. Man erreicht das Forsthaus der Stadt Wien auf der Karlalm, ein besonders schönes Plätzchen. Und sehr bald ist man auch an der Baumgrenze.

Auf dem schmalen Steig kommt man an einem Gedenkkreuz für Flieger, die im Zweiten Weltkrieg gefallen sind, vorbei, man gelangt durch die Latschenregion in einen kleinen Sattel und von dort in den Osthang des Ameisbühels. Sehr bald ist man auf der Hochfläche der Schneealpe, die als Alm genützt wird, und bei der Lugbauerhütte. Gehzeit ab Hinternaßwald 3 bis 3 ½ Stunden.

Den weiteren Weg erleichtert keine Markierung mehr. Man steigt von der Hütte zum nahen Gipfel des Ameishügels auf, was nur wenige Minuten in Anspruch nimmt. Nun liegt der sich fast genau nach Norden hinziehende Grenzriegel vor dem Blick des Wanderers. (Am westlichen Hang des Grenzriegels verläuft ein – ebenfalls unmarkierter – Weg, von dem aus aber man keine Sicht nach Naßwald hat. Der Weg wendet sich manchmal auch weit vom Grenzriegel weg und ist im unteren Teil nicht ganz leicht zu finden.)

Man steigt über anfangs steiles und schrofiges Gelände ab, was einige Vorsicht verlangt, bleibt aber immer auf dem teilweise sehr schmalen Rücken, wo es zumindest Steigspuren gibt. Später wird das Geländer flacher und leichter, Eiskogel und Hoher Turm werden nach einer leichten Gegensteigung passiert. Freie Flächen wechseln nun mit baumbestandenem Gelände, man hat immer schöne Sicht nach beiden Seiten.

Im Kreuzsattel, bei einem rot-weiß-roten Pflock, zweigt vom Rücken nach rechts ein schöner Steig ab, dem man folgt. Kurz darauf hat man einen nicht sehr langen steilen Anstieg zu bewältigen, dann senkt sich das Gelände zur Ameiswiese vulgo Freiner Boden, wo man auf die blaue Markierung des Kaisersteiges trifft. Gehzeit ab Lurgbauerhütte 1 ½ Stunden. Dieser Kaisersteig ist ein ehemaliger Reitsteig, auf dem die kaiserlichen Kuriere nach Mariazell gelangten. (Und der heute manchmal noch von Wallfahrern benützt wird.)
Man folgt den blauen Marken nach rechts, schneidet einige Kehren einer Forststraße ab und wandert dann auf dieser talwärts. Obwohl sich zwei weitere Kehren „abschneiden" ließen, bleibt man besser auf der Forststraße. Erst kurz vor Erreichen des Talbodens zweigt die Markierung von der Straße nach rechts weg, um bald wieder zu ihr zurückzuführen. Und dann ist man schon bei den ersten Häusern von Hinternaßwald. Gehzeit ab Freiner Boden 1 ½ Stunden.

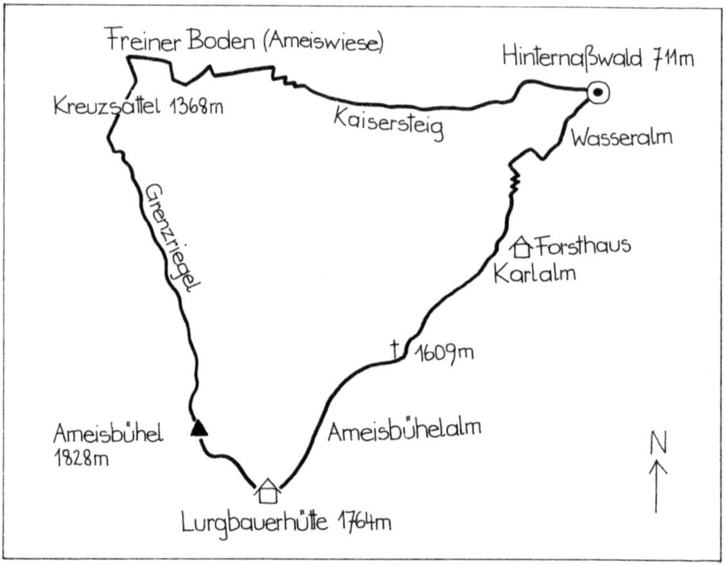

Die gar nicht dürre Dürre Wand

Eine Runde von Waidmannsfeld auf den Plattenstein der Dürren Wand

Mittel anstrengende Wanderung.

Gesamtgehzeit 4 bis 4½ Stunden, Höhendifferenz 650 m; für Bahnfahrer verlängert sich die Gehzeit um eine gute Stunde.

Gauermann-Hütte auf dem Plattenstein nur in der Saison an den Wochenenden und an Feiertagen bewirtschaftet.

Bundesamtskarte 1:25.000 oder 1:50.000, Blatt 75 (Puchberg am Schneeberg).

Man fragt sich oft, wie manche Berge zu ihrem Namen gekommen sind. Von einer Dürren Wand nimmt man natürlich an, daß sie ein eher trostloses Gebiet mit kahlen Flächen und magerer Vegetation sei. Genau das Gegenteil aber ist der Fall. Im Spätwinter, wenn die Wiesen aper werden, blühen auf der Dürren Wand schon Tausende Schneerosen, und die Blütenpracht reißt bis in den Herbst nicht ab, wenn seltene Enziane Herz und Auge der Wanderer erfreuen. Auf der Dürren Wand findet man so streng geschützte Pflanzen wie das Weiße Waldvögelein, im Sommer blüht dort sogar der Almrausch. Am prächtigsten sind die Felsen geschmückt, wenn der Petergstamm in voller Blüte steht.
Die Dürre Wand ist eine blühende Wand, von der man obendrein eine phantastische Aussicht zum Schneeberg, zu den Gipfeln der Voralpen und in die malerischen Täler der Piesting und des Miesenbachs genießt.
Daß die Dürre Wand nicht dürr ist, bleibt aber nicht das einzige Kuriosum. Benachbart zur Dürren Wand ist die Hohe Wand, die aber wieder nicht höher, sondern niedriger als die Dürre Wand ist. Man müßte also – wenn man's genau nimmt – die Dürre Wand zur Hohen Wand umbenennen.
Eine Wanderung auf die Dürre Wand zahlt sich immer aus.

Der Berg ist nicht überlaufen, auf dem Plattenstein steht die gemütliche Gauermannhütte des Österreichischen Touristenklubs. Die Wirtsleute haben ein Herz für durchnäßte und durchfrorene Wanderer und heizen auch ein, wenn – was halt in manchen Jahren immer wieder vorkommt – der Kalender mit den Außentemperaturen gar nicht übereinstimmt. (Übrigens: Das Krautfleisch ist zu Recht berühmt.)
Der 1.222 m hohe Gipfel der Dürren Wand wird meist nur bei der Überschreitung von und zum Öhler betreten, denn vom höchsten Punkt der bewaldeten Kuppe hat man keine Aussicht. Von den Felsen des Plattensteins neben der Gauermannhütte aber eine umso schönere.
Beim Aufstieg zur Gauermannhütte sollte man unbedingt den kurzen Abstecher zum Tablerloch machen. Die steil bergab führende Höhle weist im Frühsommer eine interessante Eisbildung auf. Ich kenne einen Höhlenforscher, der Stein und Bein schwört, vor einigen Jahren im zeitigen Frühjahr im Tablerloch Spuren eines Bären gefunden zu haben.
Das Tablerloch – der Name leitet sich von Tabor her und deutet auf die Benutzung der Höhle als Zufluchtsort – soll auch von Ferdinand Raimund besucht worden sein, der im nahen Gutenstein eine Villa hatte.

*

Ausgangspunkt unserer Wanderung ist Waidmannsfeld, das man mit dem Auto am besten vom Piestingtal her (Reichenthal) erreicht. Bahnfahrer steigen in Miesenbach aus und marschieren auf dem Weitwanderweg in etwa einer ½ Stunde nach Waidmannsfeld.
Die rote Markierung des Weitwanderwegs leitet uns. Man quert den Waidmannsbach und steigt über Wiesen auf. Beim Waldrand hält man sich rechts, nun geht es immer leicht steigend nach Südwesten. Vor Frohnberg führt der Weg etwas steiler rechts hinauf, später geht es von einem Sattel (Forststraße) in mehreren steilen Absätzen zur Höhe.
Vom Rand der Felsen hat man eine herrliche Aussicht, links genießt man immer wieder den Blick zur Hohen Wand und zur Buckligen Welt. Der schmale Steig bleibt immer in Kammnähe. Schließlich zweigt nach rechts die blaue Markierung zur Tablerhöhe (Tablerloch) ab, die man in wenigen Minuten erreicht. Zurück zur roten Markierung, und nun ist man bald bei der Gauermannhütte auf dem Plattenstein. Gehzeit ab Waidmannsfeld 2 ½ Stunden.

Nach ausgiebiger Rast geht es auf der roten Markierung in südlicher Richtung weiter. Gleich nach der Hütte gabelt sich der Weg, man wählt den linken Zweig (rechts geht es zum Öhler), der relativ steil bergab führt. Man quert eine besonders scheußliche Forststraße, dann macht die Markierung einen scharfen Knick nach links. Am Waldrand wird der Weg flacher, über liebliche Wiesen – auf denen es im Frühjahr besonders viele Akeleien gibt – wandert man zu den Häusern auf dem Ungerberg.
Nun zweigt man wieder scharf nach links ab, der Weg führt zum Waldrand, später in den Wald hinein und in kurzer Steigung zur Anstiegsroute. Man kann aber auch zum Frohnberg weiterwandern und dort auf einer roten Markierung zur Anstiegsroute zurückkehren. Auf dem nun bekannten Weg wandert man gemütlich bergab nach Waidmannsfeld. Gehzeit ab Gauermannhütte 1 ½ bis 2 Stunden.
Bahnfahrer haben die Möglichkeit, vom Waldrand oberhalb Waidmannsfeld auf der blauen Markierung zur Straße Miesenbach – Reichenthal zu gelangen und dann auf Asphalt zur Haltestelle Miesenbach zu marschieren.

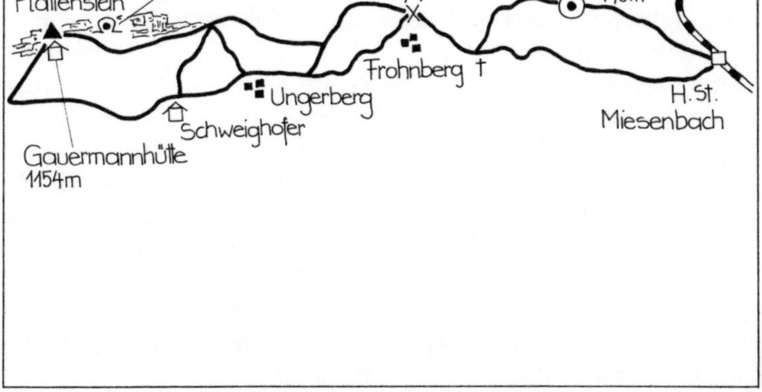

Immer am Rande der Neuen Welt

Streckenwanderung von Unterhöflein über die Fischauer Berge

Lange und anstrengende Streckenwanderung.

Gesamtgehzeit 5 Stunden, durch ständiges Auf und Ab Höhendifferenz auf fast 1.000 m.

Wirtshäuser in Winzendorf und das Finkenhaus Stützpunkte.

Bundesamtskarte 1:25.000 oder 1:50.000, Blatt 75 (Puchberg) und Blatt 76 (Wiener Neustadt).

Etwa 14 Kilometer ist der aus Kalk bestehende Höhenzug der Fischauer Berge lang. Er trennt das Einbruchsbecken der sogenannten Neuen Welt – mit dem Hauptort Muthmannsdorf – von der Ebene des Steinfeldes. Kulturell und strategisch spielten die Fischauer Berge schon in grauer Vorzeit eine besondere Rolle. Die Kelten hatten die Höhen besiedelt und ihre Spuren hinterlassen. Die Römer kannten die Thermalquellen, welche die „warme“ Fischa speisten und nutzten sie zur Heilung und zur Erholung.
Die sich gegen die Hohe Wand hinziehenden Braunkohlevorkommen wurden noch vor wenigen Jahrzehnten abgebaut. Für den Wanderer ist eine Überschreitung der Fischauer Berge von Unterhöflein nach Wöllersdorf zwar ein anstrengendes, aber ein einmaliges Erlebnis. Auf der linken Seite genießt man den Blick in die „Neue Welt“ – die ihren Namen der geologischen Entstehung verdankt – und zu den Felsabstürzen der Hohen Wand. Auf der rechten Seite bietet sich ein beeindruckender und reizvoller Blick in den südlichen Teil des Wiener Beckens, zum Hochwechsel, zur Buckligen Welt sowie zum Rosalien- und Leithagebirge. Nicht zuletzt beherrscht der Schneeberg – mit 2.075 m die höchste Erhebung des Bundeslandes – das Panorama.

Obwohl die Fischauer Berge nicht einmal die bescheidene Höhe von 700 m erreichen, haben sie mit felsigen Abstürzen und Wänden, in denen sich manch interessante Kletterroute befindet, durchaus alpinen Charakter. Von der oberen Kante der schroffen und steilen Wände bietet sich naturgemäß die schönste Aussicht.
Man sollte meinen, der Höhenzug sei ob dieser vielen Vorzüge überlaufen. Dem ist nicht so. Der Kienberg, der höchste Mugel der Gruppe, und der Größenberg sind wenig frequentiert. Da kann es schon passieren, daß man zwischen der überlaufenen Hohen Wand und dem bekannten Erholungsort Bad Fischau bei dieser doch recht ausgedehnten Wanderung kaum eine Menschenseele trifft.
Recht interessant sind auch die Hügelgräber nahe dem Mahleitenberg und der Steinerne Stadel, der zu den imposantesten Durchgangshöhlen in unserer Heimat zählt.
Da Ausgangs- und Endpunkt der Tour weit auseinanderliegen, kommt man ohne Benützung der öffentlichen Verkehrsmittel nicht aus.

*

Wir beginnen die Wanderung bei der Haltestelle Unterhöflein der Bahnstrecke Wiener Neustadt – Puchberg. Wir gehen zur Bundesstraße, dort ein Stück in östlicher Richtung. Auf der Höhe des Kirchbichls nach einer Busstation beginnen links die roten Marken zum Kienberg.
Der Weg führt in den Wald, später über freie Flächen. Nach einem Bildstock – in der Nähe eine Tafel mit eingezeichneten Rundwanderwegen – schwenkt der Weg scharf rechts in einen Sattel. Nun beginnt der Anstieg über den Irma-Steig auf den 650 m hohen Kienberg, von dessen felsiger Kanzel man eine prächtige Aussicht genießt. Gehzeit ab Haltestelle Unterhöflein 1 Stunde.
Der Abstieg erfolgt auf der roten Markierung über einen Rücken nach Netting. Nun quert man die Straße und steigt gemütlich in den Sattel zwischen Mitterberg und Drachenstein (alte, längst verfallene Burg) auf. Nach einem gemächlichen Abstieg erreicht man Winzendorf. Gehzeit ab Kienberg etwa 1 Stunde.
Auf der Römerstraße, die ihren Namen wichtigen archäologischen Funden verdankt, wandert man parallel zur Bahn nach Nordosten, quert den Beginn der Prossetschlucht und kommt in die Winzerstraße. Sehr bald zweigt nach links die rote Mar-

kierung ab, der man folgt. In zwei langen Kehren geht es den Hang hinauf, dann erreicht man über eine wellige Hochfläche den felsigen Größenberg. Gehzeit ab Winzendorf 1 Stunde.
Das Gipfelkreuz befindet sich nicht auf dem höchsten Punkt, sondern auf einer markanten Felskanzel östlich davon. Man wandert auf der roten Markierung weiter, umrundet halb den Burgstall – die Hütte ist geschlossen, das Gebiet abgezäunt – und stößt schließlich auf eine Weggabel. Der Pfeil „Bad Fischau" zeigt nach links, das ist falsch. Nach links geht's zum Finkenhaus, dieser Markierung folgt man. Man quert die Straße und steigt zu dem idyllisch gelegenen Wirtshaus mit der phantastischen Sicht ins Wiener Becken auf. Gehzeit ab Größenberg 1 ¼ Stunden.
Vom Finkenhaus steigt man in einen Sattel ab, nach kurzem Gegenanstieg ist links die Abzweigung zum Steinernen Stadel, den man in wenigen Minuten erreicht. Zurück zur rot markierten Route, über welliges Gelände, meist leicht fallend geht es nach Wöllersdorf. Eine Abzweigung animiert zum Besuch des Teufelsmühlsteins. Zu diesem Durchkriechstein braucht man etwa 10 Minuten.
Vorbei an dem mitten im Wald liegenden Sportplatz erreicht man eine Geländestufe und steigt nach Wöllersdorf ab. Gehzeit ab Finkenhaus eine ¾ Stunde.

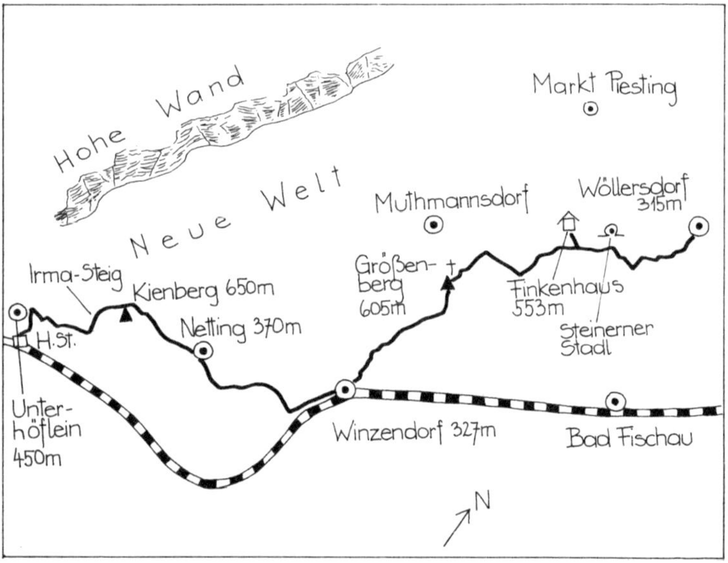

Felsenwege auf die Hohe Wand

Rundtour von Oberhöflein über Wagnersteig und Springlessteig

Mäßig anstrengende, nicht sehr lange Wanderung in schwierigem Terrain.

Gesamtgehzeit 3½ Stunden, Höhendifferenz 500 m.

Eichert-Hütte des ÖTK und Hubertushaus des ÖAV sind das ganze Jahr geöffnet.

Wege gut markiert und beschildert.

Bundesamtskarte 1:25.000 oder 1:50.000, Blatt 75 (Puchberg am Schneeberg).

Rund 7 km lang und bis zu 2,5 km breit ist der mächtige Kalkstock der Hohen Wand, der seinen Namen der fast geschlossenen Wandflucht im Südosten verdankt. Wege aller Schwierigkeitsgrade – vom gemütlichen Wandersteig bis zur extremen Kletterroute – führen auf diesen Berg, den man seit mehr als einem halben Jahrhundert auch mit dem Auto „bezwingen" kann. Zu den beliebtesten Anstiegen zählen die „versicherten Klettersteige", für die sich auch bei uns immer mehr die Bezeichnung „eiserne Wege" einbürgert.
Die Hohe Wand hat da einiges zu bieten.
Es muß ja nicht gerade der Wildenauersteig sein, an den sich nur Bergsteiger mit Klettererfahrung heranwagen sollten, da man hier auch Seilsicherung braucht. Es gibt auf der Hohen Wand auch einige Steige, auf denen man mit Trittsicherheit und Schwindelfreiheit auskommt, die sonst aber keine besonderen Anforderungen stellen. Man steigt durch die Felsen, an schwierigeren Stellen helfen Leitern, eiserne Tritte und Stahlseile, die fix verankert sind.
Der im Jahre 1930 vom damaligen Pächter der Wilhelm-Eichert-Hütte erbaute Wagnersteig und der Springlessteig – der schon viel begangen wurde, als es dort noch keine Versicherungen gab – gehören in die Kategorie der leichten ver-

Herbststimmung auf dem Hochwechsel

sicherten Klettersteige. Kinder sollte man trotzdem zusätzlich durch ein kurzes Seil sichern.
Von beiden Steigen hat man nicht nur eine schöne Aussicht über das Wiener Becken, man kann auch aus relativ kurzer Distanz die Kletterer beobachten, die an schönen Wochenenden die Wände „bevölkern". Für Abwechslung sorgen auch die Drachenflieger, welche schon lange die Hohe Wand als Dorado entdeckt haben. Vor allem im Herbst erlebt man immer wieder, daß die Hohe Wand in der warmen Sonne liegt, wenn noch dunkle Nebel das Wiener Becken verhüllen.
Im Frühjahr blühen in den Felsen tausende Kuhschellen, die unter Naturschutz stehen. Das Vorkommen des Petergstamms zeugt vom alpinen Charakter der Landschaft. Nicht selten kann man in den Felswänden auch den Mauerläufer, einen der schönsten Vögel unserer Heimat, beobachten.
Auch wenn es noch so viel zu schauen gibt, auf den versicherten Steigen sollte man besser auf den Weg achten.

*

Ausgangspunkt der Wanderung ist Oberhöflein, das man mit dem Auto von der Straße nach Grünbach oder auf einem kurzen Fußmarsch von der Haltestelle Unterhöflein der Bahnlinie Wiener Neustadt – Puchberg erreicht.
Die rote Markierung Nummer 39 führt an den Waldrand, man wandert durch eine Gegend, in der noch vor wenigen Jahrzehnten Kohle abgebaut wurde. Bald nach Betreten des Waldes stößt man auf die gelbe Markierung, der man nach links folgt. Hie und da finden sich auch blaue Marken. Man steigt zügig an und erreicht den Fuß der Felswände. Dort hält man sich ein kurzes Stück auf dem sogenannten Wandfußsteig rechts, dann zweigen in Richtung Felsen die gelben Marken des Wagnersteiges ab.
Man gewinnt rasch an Höhe, mehrere Leitern erleichtern das Überwinden der Felsstufen, an etwas ausgesetzteren Stellen sind Seile gespannt. Man muß nur achten, keine Steine abzutreten, um Nachfolgende nicht zu gefährden.
Nach einer Querung erreicht man den oberen Rand der Felsen und die Wilhelm-Eichert-Hütte. Gehzeit ab Oberhöflein 1 ½ Stunden.
Das Kreuz auf der Großen Kanzel erinnert an den früheren Pfarrer von Grünbach und späteren Domprälaten Dr. Alois Wildenauer, der zu den bedeutendsten Erschließern der

Hohen Wand gehörte. Von der Großen Kanzel hat man auch eine schöne Aussicht zum Schneeberg und ins Wechselgebiet. Bei der Eichert-Hütte hält man sich rechts und wandert auf der roten Markierung weiter. Der Weg bleibt immer in der Nähe der Felsenoberkante, von einigen Kanzeln hat man einen schönen Tiefblick ins Wiener Becken und in die Neue Welt. Ein Wegweiser zeigt zum Ausstieg des Wildenauersteiges. Von einer danebenliegenden Felsplattform hat man einen guten Blick in den senkrechten, mit eisernen Klammern versehenen Kamin, durch den der nach dem „bergnarrischen Pfarrer" benannte Steig führt.
Bald ist man beim Hubertushaus, das sich für eine Rast anbietet. Gehzeit ab Eichert-Hütte etwa 20 Minuten.
Direkt beim Schutzhaus beginnen (Wegweiser) die roten Marken des Springlessteiges, der in vielen steilen Kehren über die in diesem Bereich stark gegliederte und nicht ausgesetzte Felsstufe tiefer führt. Eine Leiter hilft über einen kurzen Absatz hinweg.
Sehr bald ist man im Wald, das Gelände bleibt vorerst steil, später wird der Weg flacher, man bleibt ein kurzes Stück fast parallel zum Waldrand und erreicht dann die vom Anstieg bekannte Route, auf der man nach Oberhöflein zurückkehrt. Gehzeit ab Hubertushaus 1 ½ Stunden.

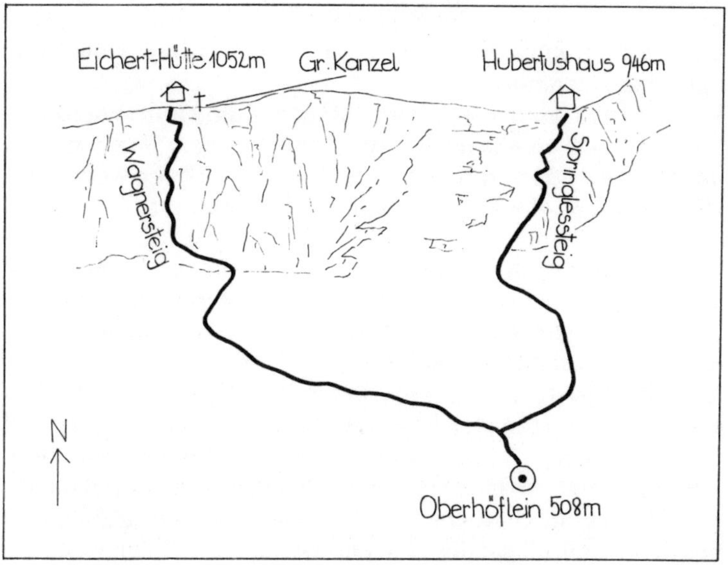

Mit interessanten Abstechern

Von Oberpiesting auf die Hohe Wand

Leichte, aber sehr abwechslungsreiche Wanderung.

Gesamtgehzeit 4 Stunden, Höhendifferenz unter 500 m.

„Höhlenhütte“ während der Saison an Wochenenden, Herrgottschnitzerhaus das ganze Jahr bewirtschaftet.

Bundesamtskarte 1:25.000 oder 1:50.000, Blatt 75 (Puchberg) und Blatt 76 (Wiener Neustadt).

Eine Wanderung auf die Hohe Wand ist nicht besonders ausgefallen und auch nicht anstrengend. Wenn man aber nicht auf Rekorde und Hüttenstempel aus ist, sondern mit Muße und Interesse bei kleinen Abstechern Sehenswürdigkeiten und Seltsames neben der bekannten Route „mitnimmt“, dann kommt man auch bei einer sogenannten Alltagswanderung auf seine Rechnung.
Etwa bei der Tour von Oberpiesting auf die Hohe Wand.
Da bietet sich ein Abstecher zur Ruine Starhemberg geradezu an. Die Burg, deren Reste im Zweiten Weltkrieg weiter zerstört wurden, stammt aus dem 12. Jahrhundert. Ihr Verfall begann vor rund 190 Jahren. 1683 – beim Einfall der Türken – suchten und fanden angeblich mehr als 10.000 Menschen Schutz in ihren Mauern. Steigt man durch den Schindergraben an, kann man die Reste einer alten, zur Burg gehörenden Schleusenanlage sehen.
Der Hirnflitzstein – jener markante Felsen über der Dreistettener Heide – weist gleich zwei Attraktionen auf. Da ist einmal die interessante Einhornhöhle, neben deren Eingang die „Höhlenhütte“ liegt, wo man Getränke und kleine Imbisse bekommt. Der Höhlenführer ist ein uriger Geselle, der manche Schnurre aus den Erfahrungen der Höhlenforscher zu erzählen weiß.

Seit einigen Jahren führt durch die senkrechte Mauer des Hirnflitzsteines der Währingersteig, einer der schwierigsten versicherten Klettersteige der Ostalpen. Er wurde von den Währinger Naturfreunden – daher der Name – anstelle eines alten, längst verfallenen „eisernen Weges" errichtet. Für den Wanderer kommt dieser nicht in Frage, aber man kann von der Wiese unterhalb des Felsens gut den Wagemutigen zusehen, die den Steig – mit einer frei in der senkrechten Wand hängenden Leiter – begehen.
Nicht zuletzt kann man im Schneckengartel westlich des Hirnflitzsteines auf die Suche nach Fossilien gehen. Die Chance, daß man eine versteinerte Schnecke findet, ist groß. Man braucht nur bei einem der vielen Erdlöcher, die von den Fossiliensammlern stammen, nachzugraben und wird fast mit Sicherheit fündig.

*

Ausgangspunkt der Wanderung ist die Haltestelle Oberpiesting der Bahnlinie Wiener Neustadt – Gutenstein. Vom westlichen Ende der Station geht es auf der roten Markierung in den Schindergraben, der in einem Bogen bergauf zieht, bis man zur rot-grünen Markierung kommt, die vom Zitherwirt zum Hirnflitzstein führt. Nun nach links der Abstecher zur Ruine Starhemberg. Gehzeit ab Haltestelle Oberpiesting eine ¾ Stunde.
Zurück zur Straße beim Zitherwirt, und weiter geht es zum Hirnflitzstein. Den Währingersteig überläßt man besser gut ausgerüsteten und erfahrenen Bergsteigern, die sich im Fels sicher zu bewegen wissen. Den Wegweisern folgend steigt man über ein kurzes steiles Stück zur Einhornhöhle an, die nur an Wochenenden besichtigt werden kann. Im Vorraum des Höhleneingangs sind interessante Fossilien ausgestellt. Ein Besuch der „Höhlenhütte" kann nicht schaden.
Auf der blauen Markierung wandert man weiter und erreicht auf gut gesichertem Steig unschwierig – Geländer und leicht zu besteigende Leitern helfen – den Hirnflitzstein. Ein kurzer Abstecher nach rechts zum höchsten Punkt (mit Bankerl) zahlt sich wegen der schönen Fernsicht aus.
Später stößt man auf eine Weggabelung, nahe dem direkten Weg nach Dreistetten liegt das eingangs erwähnte Schnekkengartel.
Unser Weg führt weiter in Richtung Drobilsteig, der blau markiert ist. Man steigt relativ steil an, bis man die Felsen

erreicht. Der Drobilsteig – benannt nach einem ehemaligen Vorstand der alpinen Gesellschaft „D'Herrgottschnitzer" – zählt zwar zu den versicherten Klettersteigen, ist harmlos, wohl aber romantisch. Die Schwindelfreiheit, die man zum Erklettern eines Küchenstockerls braucht, dürfte ausreichen, den Drobilsteig in Angriff zu nehmen. Sehr bald ist man durch die Wandstufe und beim Herrgottschnitzerhaus. Gehzeit ab Ruine Starhemberg 1 ½ Stunden.
Vor dem Schutzhaus stehen gemütliche Aussichtsbankerln. Man lasse sich aber nicht verleiten, den Abstieg über den von der Felskanzel vor der Hütte ausgehenden Ganghofer-Steig zu wählen. Dieser Steig ist sehr schwierig und ausgesetzt.
Für den Rückweg bieten sich vorerst zwei Routen an. Der rot markierte Weg, der etwa parallel zum Drobilsteig führt, ist steiler und etwas kürzer als der in einem Bogen zu Tal führende grün markierte Weg. Der Zeitunterschied fällt aber kaum ins Gewicht. Man wendet sich dann auf dic blaue Markierung, die zum Hirnflitzstein führt, und wechselt später auf die rote Markierung, die westlich des Schindergrabens zurück nach Oberpiesting leitet. Beim Verlassen des Waldes ist man auf der Anstiegsroute und fast schon bei der Haltestelle. Gehzeit ab Herrgottschnitzerhaus 1 ½ Stunden.

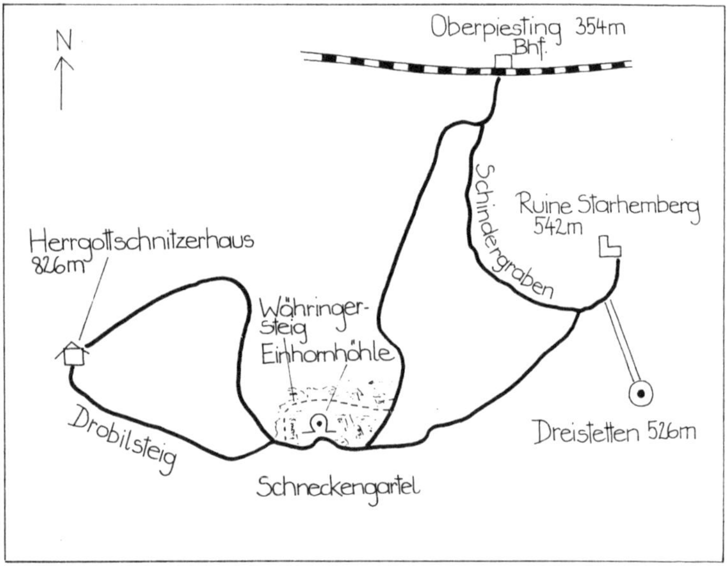

Jubiläum in der Flatzer Wand

Eine Rundtour von Flatz über Jubiläumssteig und Fürststeig

Gemütliche und wenig anstrengende Wanderung in einer besonders reizenden Gegend.

Gesamtgehzeit 2 ½ Stunden, Höhendifferenz rund 300 m.

Neunkirchner-Hütte im Sommer durchgehend offen, ab Oktober Wochenendbewirtschaftung.

Bundesamtskarte 1:25.000 oder 1:50.000, Blatt 105 (Neunkirchen); Freytag-Berndt „Wanderatlas Wiener Hausberge" 1:50.000.

Im Jahre 1983 feierten die Neunkirchner Naturfreunde gleich zwei Jubiläen: die Ortsgruppe war gerade 80 Jahre alt geworden, 60 Jahre zuvor war unweit der Flatzer Wand die 772 m hoch gelegene Neunkirchner Hütte eröffnet worden. Aus solchem Anlaß enthüllt man in der Regel anderswo einen Gedenkstein oder zumindest eine Gedenktafel und hält die entsprechenden feierlichen Reden. Die Neunkirchner Naturfreunde aber machten sich ein Geschenk, an dem nicht nur sie sich freuen, an dem sich alle Wanderer freuen, die dieser lieblichen Gegend einen Besuch abstatten. Sie schufen einen Steig – einen versicherten Felssteig – durch die Flatzer Wand, den Jubiläumssteig.

Um es vorwegzunehmen: Es bedarf weder einer besonderen Kondition, schon gar nicht besonderen Muts, um diesen Steig in Augenschein nehmen zu können. Der Jubiläumssteig ist ein Steig für alle, seine Begehung läßt sich mit einer hübschen Rundtour auf die Flatzer Wand verbinden. Von den Felskanzeln und vom oberen Teil des Steiges genießt man eine einmalige Aussicht auf das Becken von Flatz, ins Steinfeld und in die Bucklige Welt.

Man ging beim Bau dieses Steiges sehr sorgfältig ans Werk; man suchte nicht nur eine wunderschöne Route, sondern ver-

wendete Leitern aus rostbeständigem Stahlrohr. Man sparte auch nicht an Drahtseilen und Absicherungen, sodaß manche diesen Steig als überversichert bezeichnen mögen. Was aber sicherlich kein Nachteil ist, denn nun kommen auch weniger versierte Wanderer und Geher in den Genuß dieses Felsensteiges und ohne Schwierigkeiten zur Höhe.
Wie schön, daß es solche Jubiläen gibt.
Die Flatzer Wand ist auch ein kleines Paradies für Kletterer, die dort vor allem gute Trainingsmöglichkeiten vorfinden. In der Neunkirchner Hütte verkauft man eine kleine, nett gestaltete Broschüre, die über alle Schönheiten und Seltsamkeiten informiert und in der natürlich auch die wichtigsten Kletterrouten aufscheinen.
Und das Gebiet wird auch von den Höhlenfreunden sehr gerne aufgesucht. Insgesamt 14 Höhlen sind in diesem Bereich schon erforscht. In der Flatzer Tropfsteinhöhle, die auf manchen Karten noch als „Langes Loch" angegeben ist und zu der ein markierter Weg führt, fand man urgeschichtliche und paläontologische Spuren und Reste. Die rund 90 m lange Höhle war früher als Schauhöhle ausgestaltet.

*

Für Benützer öffentlicher Verkehrsmittel liegt Flatz etwas abseits, der Ausgangspunkt der Wanderung über den Jubiläumssteig ist von Neunkirchen auf grüner Markierung in etwa 1 ½ Stunden erreichbar, von Ternitz braucht man auf der blauen Markierung rund 1 Stunde.
Am nördlichen Ortsende von Flatz – wo die asphaltierte Straße zum Privatweg wird – befinden sich die Wegweiser zu den verschiedenen Steigen im Bereich der Flatzer Wand. Dort beginnt die Wanderung.
Auf der roten Markierung geht es über eine Wiese in den Wald, sehr bald schwenkt der nun auch grün markierte Weg nach links. Etwa parallel zu den Felsabstürzen wandert man ein kurzes Stück leicht bergauf, dann zweigt die grüne Markierung (Wegweiser) scharf nach rechts ab. Man steigt relativ steil zu den Felsen auf, in einigen Kehren erreicht man den Wandfuß, wo man die Einstiege einiger Kletterrouten passiert.
Über eine kurze Leiter kommt man zu einem schluchtartigen Einschnitt und zur großen Leiter, die ebenfalls nicht sehr lang ist. Mühelos überwindet man den Felsabsatz und auf einem Kamm geht es – gut gesichert – bergauf. Immer wieder

laden Punkte mit herrlicher Aussicht zum Verweilen ein. Am oberen Rand der Felsen stößt man auf die rote Markierung, der man nach links folgt.
Der rot markierte Pfad bleibt immer in ungefährlichen Regionen, nach einem etwas steileren Aufschwung erreicht man das Neunkirchner Naturfreundehaus (772 m), das zur Rast und zum Schauen animiert, denn im Norden beherrscht der Schneeberg den Horizont. Gehzeit ab Flatz 1¼ bis 1½ Stunden.
Der Rückweg erfolgt vorerst auf der Anstiegsroute, sehr bald zweigt man nach rechts auf den Fürststeig ab, der ebenfalls rot markiert ist. Es ist dies ein versicherter – aber überaus leichter – Felsensteig, der keinerlei ausgesetzte Stellen aufweist. Durch einen Graben geht es bergab, dann muß man durch die romantischen Schwiebbögen – eine Durchgangshöhle geringer Ausdehnung – und erreicht bald die grüne Markierung, der man nach links folgt. Gemütlich nähert man sich dem Tal und erreicht schließlich auf bekannter Route wieder den Ausgangspunkt der Wanderung am Ortsende von Flatz. Gehzeit ab Neunkirchner-Hütte 1 bis 1 ¼ Stunden.

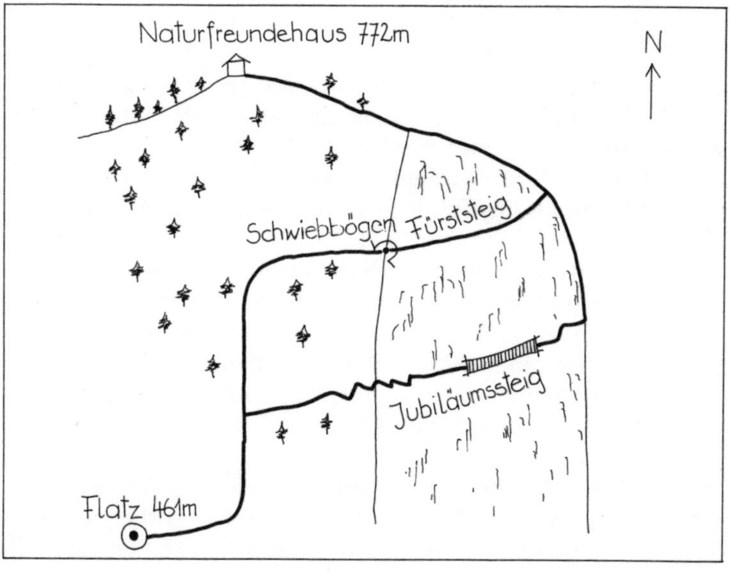

Die Bereisung der Semring-Bahn

Eine interessante Bahnwanderung von Semmering nach Gloggnitz

Wenig anstrengende, aber sehr abwechslungsreiche Streckenwanderung.

Gesamtgehzeit 3½ Stunden, die im Aufstieg zu bewältigende Höhendifferenz liegt unter 300 m.

Gasthäuser im Adlitzgraben, in Breitenstein und Klamm gute Rastpunkte.

Wege durchwegs markiert.

Bundesamtskarte 1:25.000 oder 1:50.000, Blatt 104 (Mürzzuschlag) und 105 (Neunkirchen).

„Anleitung zur zweckmäßigsten Bereisung der Semring-Eisenbahn von Gloggnitz bis Mürzzuschlag" hieß die im Jahre 1851 erschienene Publikation des Melchior Edler von Schickh, der meinte, daß „für viele, auch nicht technische Fachmänner" es von Interesse sei, dieses grandiose Werk Karl Ritter von Ghegas kennenzulernen. Die „Bereisung" hatte natürlich zu Fuß zu erfolgen, denn 1851 war die Semmering-Bahn noch lange nicht fertig. Das letzte Stück Gleis wurde am 10. Oktober 1853 nahe dem berühmten Viadukt über die Kalte Rinne verlegt, der erste Zug fuhr am 23. Oktober 1853 von Gloggnitz nach Mürzzuschlag. Der erste fahrplanmäßige Zug fuhr erst im Jahre 1854.
Offiziell eröffnet wurde die Semmering-Bahn nie, denn sie war ja nur ein Teil der Verbindung Wien – Triest. Deshalb hat man es auch so schwer, heute Jubiläen genau zu terminisieren. Und wenn man bedenkt, was heutzutage alles mit großem Pomp eröffnet wird, wundert es umso mehr, daß diese grandiose Bahn ohne die kleinste Zeremonie in Betrieb genommen wurde.
Also, halten wir es mit dem Edlen von Schickh und bereisen wir die „Semring-Bahn". Stilgerecht fährt man natürlich mit dem Zug von Gloggnitz zum Semmering, dann geht's zu Fuß zurück.

Keine Angst, man braucht nicht 28 km – so weit ist es von der Paßhöhe nach Gloggnitz – zu gehen, mit einigen Abschneidern läßt sich die Semmeringtour auf ein vernünftiges und bequemes Maß reduzieren. Vor allem die große Schleife Gloggnitz – Payerbach – Eichberg kürzt man besser ab, auch in den Adlitzgräben lassen sich etliche Kilometer einsparen. Die Wanderung wird natürlich zum vollen Genuß, wenn man sich vorher ein bißchen über die Bahn und ihre Geschichte informiert. Hat man ein Kursbuch im Rucksack, kann man besser einschätzen, auf welchen Aussichtspunkten man länger verweilt. Unsere Wanderung führt zur Doppelreiter-Warte nahe der Haltestelle Wolfsbergkogel. Die Warte ist der schönste Aussichtspunkt an der gesamten Strecke, da man mehrere Kilometer Bahntrasse einsieht. Sehr gut ist von dieser Warte auch der Rest jener Galerie in der Weinzettelwand auszunehmen, auf der Ghega die Bahn einst führen wollte. Ein Felssturz im Jahre 1850, bei dem 14 Menschen ums Leben kamen, bewog ihn aber, die Gleise in den Berg zu verlegen. Ein unvollendet gebliebener Tunnel, der in die Weinzettelwand hinaus führen sollte, ist heute noch zu sehen und zu begehen.

*

Ausgangspunkt ist der – durch eine Renovierung leider grauslich gewordene – Bahnhof Semmering, wo sich auch das Ghega-Denkmal befindet. Von diesem Bahnhof werden auch alle Weichen zwischen Payerbach und dem höchsten Punkt der Strecke ferngesteuert. Entlang der Bahn wandert man zum Kartnerkogel zurück und erreicht bald die Haltestelle Wolfsbergkogel. Dort zweigt nach rechts die rote Markierung zur Doppelreiter-Warte ab. Vor dem Kurheim Semmering wandert man vorbei und erreicht den gedeckten Aussichtsturm in wenigen Minuten. Der Blick auf die Bahn, zum Schneeberg und zur Rax ist überwältigend.
Nun geht es zurück zur Straße bei der Haltestelle. Nach wenigen Metern zweigt nach rechts die grüne Markierung in die Adlitzgräben ab. Es geht relativ flott bergab, in der Talsohle erreicht man die Straße, dort befindet sich auch ein Wirtshaus. Nun erfolgt der Anstieg zum Bahnhof Breitenstein, in dessen Nähe sich ebenfalls ein Gasthaus befindet.
Nördlich der Bahn führt ein grün markierter Fahrweg über das Weinzettelfeld, dem man folgt. (Rechts über die Wiese gelangt man zu dem berühmten Einschnitt zwischen Weinzet-

telwand- und Weinzettelfeldtunnel. Fotostandpunkt!) Nach kurzem, mäßigem Anstieg geht es wieder bergab, man kommt am sogenannten „Blauen Einschnitt“ vorbei und wechselt dann auf die Südseite der Bahntrasse. Der Weg entfernt sich dann etwas von der Bahn, tief unter dem Gamperl-Viadukt und am Fuß des Wagner-Viadukts wandert man nach Klamm. Gehzeit ab Bahnhof Semmering etwa 2 Stunden. (Man braucht aber viel Zeit zum „Zugschauen“.)
Beim Wirtshaus Weiss zweigt man scharf rechts ab und wandert in Richtung Haltestelle Klamm-Schottwien. Knapp vor dieser passiert man die Unterführung und geht ein kurzes Stück auf der Straße aufwärts, bis diese eine scharfe Linkskurve zum Kreuzberg macht. Dort zweigt nach rechts die rote Markierung ab, die uns den weiteren Weg weist.
Der Weg führt über einen langgezogenen Höhenrücken – zum Teil hoch über der Bahn. Nach sanftem Anstieg folgt ein etwas steilerer Abstieg, bis man die Bahntrasse knapp vor dem Bahnhof Eichberg erreicht. Beim Eichberg-Tunnel quert man die Gleise in einer Unterführung und wandert nun auf einer asphaltierten Straße leicht bergab dem Schwarzatal zu. Bei der Kirche verläßt man die Straße nach rechts, ein schmaler Weg führt hinunter nach Gloggnitz. Zum Bahnhof ist es nun nicht mehr weit. Gehzeit ab Klamm rund 1 ½ Stunden.

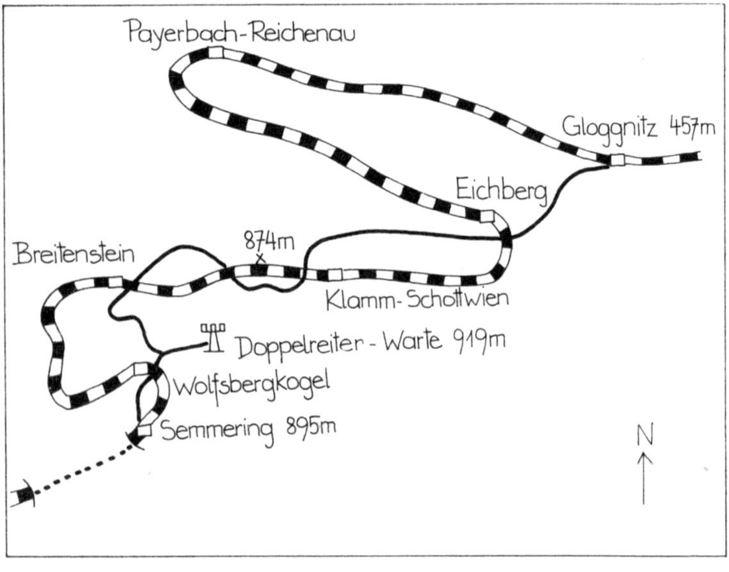

Durch stille Zonen aufs Stuhleck

Von Spital über das Stuhleck nach Mürzzuschlag

Lange und anstrengende Wanderung, aber nicht schwierig.

Gesamtgehzeit 6 bis 6 ½ Stunden; Übernachtung auf dem Stuhleck möglich.

Alois-Günther-Haus ganzjährig bewirtschaftet.

Wege gut markiert und beschildert.

Bundesamtskarte 1:25.000 oder 1:50.000, Blatt 104 (Mürzzuschlag).

Bei einer Wanderung auf das 1.782 m hohe Stuhleck südlich von Spital am Semmering und von Mürzzuschlag erwartet man nicht unbedingt Einsamkeit und Stille, denn der Nordhang des Berges ist durch Lifts erschlossen und wird im Winter von den Skifahrern, im Sommer von Wanderern stark besucht. Vom südlich gelegenen Pfaffensattel bringt einen das Auto in wenigen Minuten zum Gipfelhaus, das natürlich das ganze Jahr über offen hat. Und selbst der Fußweg vom Pfaffensattel ist kurz und nicht besonders anstrengend. Das Stuhleck wird daher häufig „bezwungen" – und sei's mit dem Auto oder mit dem Moped.
Aber auf dem Stuhleck bewahrheitet sich wieder das Sprichwort, daß jedes Ding zwei Seiten habe. Viele Wege führen auf diesen Berg, der wegen seiner Aussicht berühmt ist, und einige davon führen durch Bereiche, die weitab vom großen Trubel liegen. Der Kamm etwa, der von Spital am Semmering zum Hocheck führt, wird nur sehr wenig begangen, obwohl er einen der schönsten Anstiege darstellt.
Von den drei markierten Wegen, die Spital mit dem Alois-Günther-Haus verbinden, ist der Weg über das Hocheck mit Abstand am empfehlenswertesten.

Der Weg nahe oder auf der Lifttrasse wirkt eintönig, wählt man die Route durch das Kaltenbachtal, muß man lange auf einer Straße hatschen.
Bei schönem Wetter ist die Aussicht von der Gipfelregion – man ist ja schon über der Baumgrenze – überwältigend. Schneeberg, Rax, Schneealpe und Veitsch zeigen sich von der schönsten Seite, der Blick schweift über den Wechsel, das steirische Hügelland bis zum Hochlantsch. Man sieht in die Ebene und zu den Niederen Tauern.
Bei Schlechtwetter allerdings ist das Stuhleck – vor allem, wenn Schnee liegt – sehr gefährlich, die Stürme in der Gipfelregion sind gefürchtet. Und es kommt trotz guter Markierung immer wieder vor, daß sich Wanderer im Nebel verirren. Bei Schlechtwetter, ja selbst unsicherem Wetter ist auf dem Stuhleck besondere Vorsicht geboten!

*

Ausgangspunkt der Wanderung ist der Bahnhof Spital am Semmering. Man wandert zur Kirche, wo drei markierte Wege zum Stuhleck beginnen. Man wählt die Route Nummer 5 über Waldkapelle, Hocheck und Karl-Lechner-Haus. Die Markierung verläßt sehr bald die Straße und wendet sich nach links in das Gelände. Man quert die Trasse des Sessellifts und erreicht über eine Wiese den bewaldeten Kamm, dem man nun sehr lange folgt.
Vorbei an der modernen Waldkapelle, um die sich eine Sage um eine verlorengegangene Marienstatue rankt, geht es zügig, aber nie besonders steil bergan.
Hie und da sieht man von Lichtungen das Günther-Haus, dem man nur langsam näherkommt. Der höchste Punkt des Hochecks (1.487 m) wird nicht betreten, der Weg senkt sich schon vorher in einen Sattel, wo die „stille Zone“ vorerst endet. Auf einer Sandstraße wandert man leicht bergab zum nahen Karl-Lechner-Haus, das in der Saison an den Wochenenden bewirtschaftet ist.
Direkt bei der Hütte wendet man sich nach links auf einen schmalen Steig, der vorerst durch schütteren Wald, später durch Latschen und dann durch grasiges Gelände zum Günther-Haus führt. (Eine in den Karten eingezeichnete Quelle ist längst gefaßt und für den Wanderer unzugänglich.) Gehzeit ab Bahnhof Spital am Semmering 3 Stunden.
Nach der Rast wandert man auf der roten Markierung in Richtung Pretulalpe weiter. Dem Abstieg in einen Sattel, von dem

aus die berühmte Skiabfahrt nach Rettenegg abzweigt, folgt ein kurzer Gegenanstieg. Beim Zaun zweigt nach rechts die rote Markierung 743 nach Mürzzuschlag ab, das ist der richtige Weg.
Gemütlich geht es zur Schwarzriegelalm hinab, dort macht die Markierung einen scharfen Bogen nach links (in manchen Karten noch nicht eingezeichnet). Man kann sich diesen „Umweg" ersparen, indem man die Richtung beibehält und durch das einst von den Skifahrern gefürchtete „Kanonenrohr" weiter absteigt. In dem Hohlweg findet man gelegentlich noch alte Markierungen.
Beim Forsthaus Hochreit trifft man wieder auf die „offizielle" rote Markierung, und weiter geht es an einer schön renovierten Kapelle vorbei zum Bettelbauer.
Die Route führt nun über weite Wiesen bergab, beim Schallerkogel wird der Weg zur Straße, auf der man weiter nach Mürzzuschlag wandert. Die neue Schnellstraße querend, erreicht man den Kern der Stadt. Gehzeit ab Alois-Günther-Haus 3 bis 3 ½ Stunden.

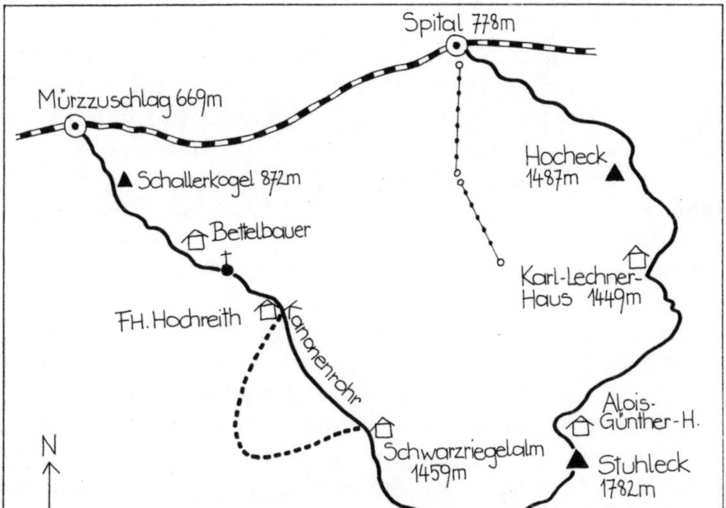

Eine Aussichtsorgie

Rundtour von Mariensee über Hochwechsel und Arabichl

Lange, anstrengende, aber lohnende Wanderung in alpiner Region.

Gesamtgehzeit 6 ½ bis 7 Stunden, Höhendifferenz rund 1.000 m.

Wetterkoglerhaus und Hütten auf der Marienseer, Kampsteiner und Feistritzer Schwaig von Anfang Mai bis Ende Oktober geöffnet.

Bundesamtskarte 1:25.000 oder 1:50.000, Blatt 105 (Neunkirchen).

Der Hochwechsel, in älteren Karten und Beschreibungen auch „Hoher Umschuß" genannt, wird immer wieder wegen der phantastischen Aussicht gerühmt. Und in der Tat, an besonders klaren Tagen – wie sie etwa für das Frühjahr oder den Herbst typisch sind – ist der Rundblick einmalig. Er reicht von der Donau im Norden zum Neusiedler See und sogar bis zum Bakonyer Wald tief in Ungarn. Man sieht von der Gipfelfläche des Hochwechsels die Riegersburg bei Fürstenfeld, die Höhen bei Gleichenberg, die schon in Jugoslawien liegenden Steiner Alpen und den Triglav. Im Norden und Westen sieht man bis zum Grimming und zu den Niederen Tauern, und natürlich liegen Schneeberg, Hochschwab, Rax, Schneealpe und die Höhen des Wienerwaldes im Blickfeld.

Ein Sonnenaufgang vom „Ostkap der Alpen", wie der 1.743 m hohe Berg mitunter bezeichnet wird, ist ein Erlebnis, das man nicht vergißt.

Touristisch wurde der Wechsel verhältnismäßig spät erschlossen. Das Wetterkoglerhaus, das heute dem Österreichischen Gebirgsverein gehört, entstand im Jahre 1899 und wurde 1913 erweitert. Zu diesem Zeitpunkt etwa gab es auf dem Schneeberg schon ein Hotel, längst fuhr auch schon die Zahnradbahn.

Allerdings dürfte der fast 23 km lange Höhenrücken des Wechsels schon sehr früh begangen worden sein. Das Steinerne Kreuz nahe dem Arabichl erinnert an einen Saumpfad, über den sich die Vorauer Äbte in Sänften ins Pittental tragen ließen. Dieses gehörte bis zum 16. Jahrhundert zur Steiermark.
In den letzten Tagen des Zweiten Weltkriegs war der Hochwechsel schwer umkämpftes Gebiet. Ein Friedhof mit Kapelle knapp neben dem höchsten Punkt des Berges erinnert an die sinnlosen Opfer und mahnt vor den Schrecken bewaffneter Auseinandersetzungen.
Alle Hütten im Wechselgebiet sind mit Autos zu erreichen und dementsprechen gut frequentiert. Viele fahren auf die Schwaigen, um von dort leichte Höhenwanderungen anzutreten. In der Saison, wenn die Hütten offen haben, ist der Höhenzug zwischen Mönichkirchen und St. Corona recht gut besucht. Im Frühjahr und Herbst aber ist es still auf diesen Bergen.
Trotz der nicht sehr großen Höhe ist der Hochwechsel bei schlechtem Wetter – vor allem bei Sturm – sehr gefährlich. Dem sollte man in Ausrüstung und Planung der Tour Rechnung tragen.

*

Ausgangspunkt ist Mariensee. Auf der roten Markierung wandert man in das Tal des Pöstlingbaches, bei einer Brücke führt nach links eine Abzweigung des Weges zur Marienseer Schwaig. Man kommt an einem kleinen Hof vorbei, später zweigt nach links der Schindelsteig ab, der die Kehren der roten Markierung abkürzt. Der Schindelsteig ist nicht markiert, aber so gut beschildert, daß man sich nicht verirren kann. Später stößt man wieder auf die rote Markierung und erreicht die Marienseer Schwaig. Gehzeit ab Mariensee 1 ½ Stunden.
Das Wetterkoglerhaus auf dem Gipfel ist nun schon deutlich zu sehen, über freies Gelände steigt man nicht sehr steil an und erreicht die Hütte. Gehzeit ab Marienseer Schwaig eine ¾ Stunde.
In nördlicher Richtung wandert man nun auf der roten Markierung weiter. Wer sich die Überschreitung des Umschußriegels und des Schöberlriegels sparen will, verläßt im nächsten Sattel die rote Markierung nach rechts und wandert auf einer Almstraße in den Einschnitt vor dem Arabichl. Dort geht es

Der Stillenstein in der gleichnamigen Klamm

auf der roten Markierung weiter, im sanften Anstieg erreicht man die kahle, aussichtsreiche Kuppe des Arabichls. Gehzeit ab Wetterkoglerhaus 1 Stunde.
Nun geht es leicht bergab, man gelangt in einen Sattel mit dem „Schwarzen Herrgott" – bei schlechtem Wetter findet man in der nahen Feistritzer Schwaig (Wegweiser) Unterschlupf –, dann folgt wieder ein sanfter Anstieg zur Frauenalpe, deren höchster Punkt aber nicht betreten wird. Wieder geht es immer auf dem breiten Rücken sanft bergab, und man erreicht die Kampsteiner Schwaig mit einem schönen Gasthaus. Gehzeit ab Arabichl 1 ¾ Stunden.
Ein letztes Mal genießt man von der Wiese neben dem Gasthaus die Aussicht zum Schneeberg, zur Hohen Wand und ins Wiener Becken, dann wendet man sich nach rechts auf die – in den Karten nicht eingezeichnete – grüne Markierung, die fast genau nach Süden in Richtung Tal führt. Über einen sanften Hang, zum Teil durch Wald, steigt man ab, man quert eine Forststraße, gelangt in einen kleinen Graben und erreicht die ersten Häuser. Bald ist man auf einer Straße, über die man nach Mariensee zurückwandert. Gehzeit ab Kampsteiner Schwaig 1 ¼ Stunden.

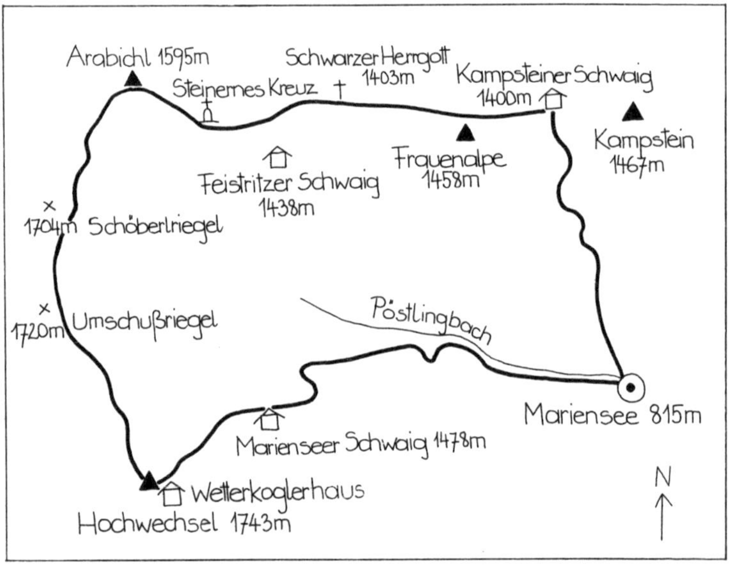

Wo die Welt bucklig wird

Eine Rundwanderung von Pitten zum Weißjackel

Anregende, wenig anstrengende Rundwanderung am Rande der Buckligen Welt.

Gesamtgehzeit 3½ Stunden, Höhendifferenz rund 500 m.

Ein Wirtshaus in Leiding bietet sich als Stützpunkt auf dieser nicht sehr langen Tour an.

Die Wege sind gut markiert und beschildert.

Bundesamtskarte 1:50.000, Blatt 106 (Aspang-Markt).

Sozusagen am Eingang der Buckligen Welt, dem Fluß und dem Tal den Namen gebend, liegt Pitten. Der Ort ist nicht nur seines Schlosses und seiner Bergkirche wegen bekannt, sondern auch wegen seiner bronzezeitlichen Ausgrabungen. Die Besiedlung seit mehr als 3.000 Jahren ist in diesem Gebiet wissenschaftlich nachgewiesen. Vor der Schule hat man ein freigelegtes Grab aus der Bronzezeit rekonstruiert. Das Original fiel einem Industriebau zum Opfer.

Noch im vorigen Jahrhundert verdankte Pitten dem Bergbau nach Eisenerz seine Bedeutung. Ein Teil der Stollen im Schloßberg ist noch erhalten, die Gänge sind aber versperrt. Im Zweiten Weltkrieg dienten sie als Luftschutzbunker. Die Erzlager von Pitten gehören zu jenen vielen armen Lagerstätten, an denen unser Österreich reich ist.

Mit Gipfeln, die nicht einmal die 600-m-Marke erreichen, mit Bergen, deren Namen kaum jemand außerhalb des Nahbereichs kennt, scheint Pitten nicht gerade eine besondere Attraktion unter den Wandergebieten zu sein. Doch der Schein trügt.

Von den Kuppen genießt man eine herrliche Aussicht in das Wiener Becken, zum Hochwechsel, über die Kuppen der Buckligen Welt, zum Schneeberg und nicht zuletzt zur Hohen

Wand und zu den Voralpen. Wo die Welt bucklig wird, zahlt sich eine Wanderung durchaus aus.
Sehr beschwerlich sind die Touren, die im Pittental ihren Ausgang nehmen, natürlich nicht. Aber sie sind interessant und abwechslungsreich, und sie zeigen unsere Heimat von einer Seite, die vielen unbekannt ist. Wer eine Landschaft wandernd erleben will, ist dort richtig am Platz. Am Beginn der Buckligen Welt gibt es schönere Rundwandertouren als in dieser viel gepriesenen Buckligen Welt selbst.
Pitten ist auch weit genug von der Südautobahn entfernt, um nicht in deren Lärmkegel zu liegen. Die wesentlich bekannteren Wanderungen und Touren in diesem Gebiet – etwa die Besteigung des Türkensturzes auf der Normalroute oder auf dem gefährlichen, ausgesetzten Pittentaler Steig (der neu versichert wurde) – haben viel von ihrem Reiz verloren, weil man ständig vom Lärm der Autos auf der nahen Hochleistungsstraße molestiert wird. Und Pitten ist obendrein mit öffentlichen Verkehrsmitteln sehr leicht erreichbar.

*

Vom Ortszentrum Pitten wandert man ein Stück auf der Straße in Richtung Erlach. Beim Georg-Stollen, der im Jahre 1804 angeschlagen wurde, zweigt die gelbe Markierung des Naturfreundeweges ab. Den gelben Marken folgt man. In wenigen Kehren geht es zur Höhe, eine etwas steilere Stelle ist mit Ketten gesichert, was fast heißt, die Vorsicht etwas zu weit zu treiben. In knapp einer ½ Stunde steht man vor dem Schloß, das nicht besichtigt werden kann. Die Aussicht von der danebenliegenden Wiese ins Wiener Becken entschädigt aber.
Nun wandert man weiter auf der rot-blau-grünen Markierung, der Weg ist zudem sehr gut beschildert, sodaß die Orientierung keine Probleme bietet. Man hält sich in Richtung Leiding. Auf einer Forststraße steigt man gemütlich an, zuerst zweigt die grüne, später auch die rote Markierung ab. Beim Grafenkreuz, das die Jahreszahl 1866 trägt, erreicht man die 500-m-Marke, alpin oder anstrengend wird's aber trotzdem nicht.
Nun geht es bergab, aber nicht auf der blauen, wie es in den Karten vermerkt ist, sondern auf der grün-roten Markierung. Sehr bald erreicht man den kleinen Flecken Leiding, in dem sich ein Wirtshaus für die Rast anbietet. Die Gehzeit ab Pitten beträgt etwa eine Stunde.
Nun wandert man auf der Straße in Richtung Arzberg ein paar

Minuten, dann zweigt nach rechts die blaue Markierung zum Weißjackel ab. Recht gemütlich geht es durch Felder, später durch schönen Wald bergauf. Von einem Schlag hat man einen schönen Blick zum Schloß Pitten, das die Landschaft dominiert.
Noch unterhalb des Gipfels wendet sich der blau markierte Weg nach rechts, wir folgen ihm später. Vorerst wollen wir den Gipfel „erklimmen“, obwohl er bewaldet ist und keine Aussicht bietet. Etwa zehn Minuten braucht man zum höchsten Punkt, der früher durch eine Marke an einer Buche gekennzeichnet war und heute ein Vermessungszeichen des Bundesamtes (576 m) trägt.
Zurück zur Abzweigung und nun nach rechts auf die blaue Markierung, die zu einem Vorgipfel des Weißjackels mit einem Sender führt. Die Tafel mit der Aufschrift „Weißjackel 573 m“ ist falsch.
Die Markierung wechselt nun von Blau auf Rot, der Weg führt steil bergab. Eine neue Forststraße ersetzt frühere Serpentinen.
Man erreicht die Straße Pitten – Leiding und kehrt auf Asphalt zum Ausgangspunkt der Wanderung zurück. Gehzeit ab Leiding 1 ½ Stunden, dazu kommt noch die ½ Stunde für den Abstecher zum Weißjackel-Gipfel.

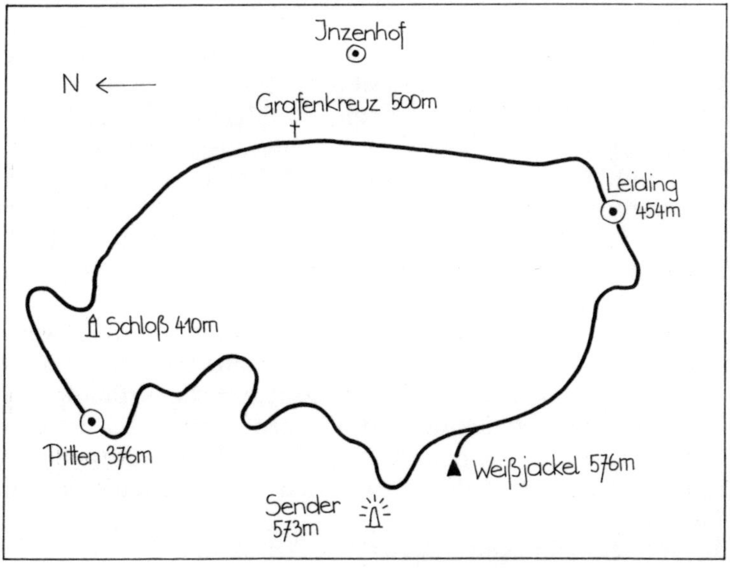

Über die Wasserscheide Europas

Eine Rundtour zum Waldviertler Semmering

Mäßig anstrengende Wanderung in typisch Waldviertler Landschaft.

Gesamtgehzeit 4 Stunden, Höhendifferenz unter 450 m.

Gasthaus in Bruderndorf ein guter Stützpunkt.

Route sehr gut markiert und beschildert.

Bundesamtskarte 1:25.000 oder 1:50.000, Blatt 18 (Weitra).

In vielen kleinen und zwei mächtigen Schleifen windet sich die Trasse der Schmalspurbahn Gmünd – Großgerungs über die Wasserscheide zwischen Donau und Elbe. Es überrascht daher nicht, und ist auch nicht weither geholt, daß die kleine Bahn sehr oft mit jener auf den großen Bruder Semmering verglichen und die Erhebung daher als Kleiner Semmering bezeichnet wird. Da es nun mehrere kleine Semmeringe gibt, hat sich in letzter Zeit der Name „Waldviertler Semmering" eingebürgert. Da ist jede Verwechslung ausgeschlossen.
Man muß nicht unbedingt ein Eisenbahnfan sein, um an der Wanderung von Langschlag zum Großen Bruderndorfer Tunnel Gefallen zu finden, wenngleich man immer wieder erstaunt ist, mit welchem Fingerspitzengefühl diese Bahn in die Landschaft hineingefügt wurde.
Wenn man schon den Waldviertler Semmering durchwandert, sollte man unbedingt auch eine Fahrt mit der Schmalspurbahn unternehmen. Das ist nicht nur die Krönung des Ausflugs, man bekommt auch einen Eindruck von den Schwierigkeiten, die beim Bau zu überwinden waren. Nicht nur die Fahrt über die europäische Wasserscheide ist ein Genuß.
Im Sommer gibt es eine zusätzliche Attraktion, da werden am

Wochenende einige Züge wie in alten Zeiten mit Dampfloks geführt. Im Winterfahrplan muß man sich mit den modernen Triebwagen begnügen.
Eine naheliegende Variante, von Langschlag zum Großen Bruderndorfer Tunnel zu wandern und mit der Schmalspurbahn zurückzufahren, läßt sich nicht mehr verwirklichen, denn seit Frühjahr 1986 ist die Haltestelle Bruderndorf nahe dem Tunnel aufgelassen. Die neue – unbesetzte – Haltestelle befindet sich in etwa drei Kilometer Entfernung, besser zum Ort situiert. Wenn man dort zusteigt, verpaßt man das schönste Stück des Waldviertler Semmerings mit dem rund 260 m langen Großen Bruderndorfer Tunnel.
In dem Gebiet gibt es interessante Steinbildungen, die man aber auf dieser Wanderroute nicht berührt. In der Nähe von Langschlag zeigt man einen Opferstein und einen Kamelstein. Auch in der Nähe von Großgerungs findet man einen seltsamen Opferstein.

*

Ausgangspunkt der Wanderung ist der Bahnhof Langschlag der Waldviertler Schmalspurbahn. Die gesamte Runde ist rot – Nummer 55 – markiert, man findet immer wieder Wegweiser, die manchmal mit viel Liebe gestaltet sind.
Man wandert ein kurzes Stück auf der Straße in Richtung Schmerbach und zweigt bald nach der Ortstafel links in die Felder. Fast eben geht es über freie Flächen und durch Waldabschnitte, dann wendet sich der Weg scharf rechts. Man steigt zur Teufelsmühle ab, einem romantischen Abschnitt des Elexenbachtales.
Das schmale Gewässer wird auf einem aus Pfosten bestehenden Steg überquert. Dann trifft man auf einer freien Fläche am Hang des Stierberges auf einen asphaltierten Güterweg, dem man nach links folgt. Bei einem Wasserschutzgebiet geht dieser Güterweg in einen Fahrweg über, dem man nun weiter folgt.
Der Stierberg, dessen bewaldeten Gipfel zu besteigen nicht lohnt, wird im Wald halb umrundet, über freies Gelände erreicht man einen Rücken und steigt auf einem Fahrweg nach Bruderndorf ab. Dort gibt es ein Gasthaus, das sich für eine Rast anbietet. Gehzeit ab Langschlag 1 ½ Stunden.
Bald nach der Ortstafel hält man sich scharf rechts, der Weg steigt zu einem Rücken, der zur europäischen Wasserscheide zwischen Schwarzem Meer und Nordsee gehört. Zuerst stei-

ler, dann mäßig bergab erreicht man die ehemalige Haltestelle nahe dem Großen Bruderndorfer Tunnel. Gehzeit ab Bruderndorf eine ½ Stunde.
Man quert die Bahn – in der Bundesamtskarte ist dort der Weg falsch eingezeichnet –, überschreitet den Rücken, der durchtunnelt ist, und wandert dann fast parallel zum Schienenstrang die große Schleife der Bahn aus. Man bleibt die ganze Zeit auf Forststraßen, sobald man aus dem Wald herauskommt, ist man auch schon wieder auf der Wasserscheide, die in diesem Teil durch einen Stein mit Inschrift gekennzeichnet ist.
In leichtem Gefälle geht es hinab zum Elexenbach. Nach links erreicht man in wenigen Minuten Bruderndorf – und das Wirtshaus –, wir halten uns aber rechts und wandern durch gegliedertes Gelände talab bis zu einer Straße, der wir ein kurzes Stück nach rechts folgen.
Dann biegt man scharf links auf einen Fahrweg ab und folgt diesem wieder nur ein relativ kurzes Stück. Und ehe man die vom „Anstieg" bekannte Route erreicht, biegt man nach rechts ab, erreicht einen sanften Rücken, und oberhalb von Bahn und Straße geht es nach Langschlag zurück. Gehzeit ab Tunnel 2 Stunden.

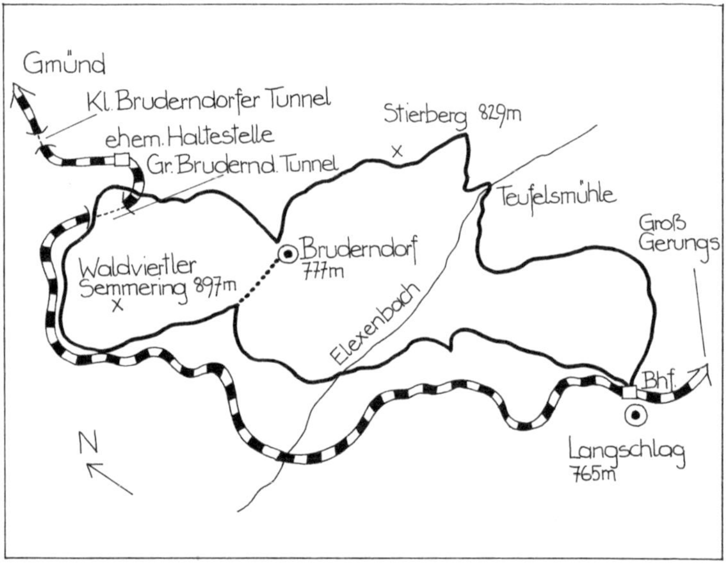

An Kamp und Zwettl

Eine Rundwanderung von Zwettl durch Kamp- und Zwettltal

Sehr abwechslungsreiche, aber wenig anstrengende Wanderung.

Gesamtgehzeit 3 ½ Stunden, Höhendifferenz rund 100 m.

Kein Stützpunkt, nur Unterstandshütten für Schlechtwettereinbruch.

Wege gut beschildert und markiert.

Bundesamtskarte 1:25.000 oder 1:50.000, Blatt 19 (Zwettl).

Die am Zusammenfluß von Zwettl und Kamp liegende Stadt Zwettl verdankt ihre Bedeutung den Verkehrswegen, die entlang der beiden Gewässer führten. Im Jahre 1137 wurde das etwa 3 km unterhalb der Stadt am Kamp liegende Zisterzienserkloster durch Hadmar von Kuenring gegründet, zwei Jahre später scheint der Name der Siedlung in einer Urkunde auf. Schon 1200 erhielt Zwettl das Stadtrecht.
Die günstige Lage an den beiden Flüssen war nicht nur Chance, sondern auch Bedrohung für die Stadt, deren Geschichte eine Serie von kriegerischen Ereignissen ist. Die im Jahre 1230 errichtete Stadtmauer hatte nicht einmal ein Jahr Bestand, dann wurde sie durch Friedrich den Streitbaren zerstört. In Zwettl wüteten die Hussiten, die Böhmen, die Kaiserlichen und die Schweden.
Heute ist Zwettl eine reizende, geschäftige Stadt, ein wichtiges Verwaltungszentrum. Doch wenn man nur wenige Minuten den Flüssen – und damit den alten Verkehrswegen entlang – aus dem verbauten Gebiet hinauswandert, ist man in einer Landschaft, in der die Zeit still zu stehen scheint. Das Rauschen des Flusses, das Zwitschern der Vögel stört die Ruhe nicht. Ein gut in die Gegend eingefügtes Elektrizitätswerk, eine Hochspannungsleitung zeugen von einer Zeit,

deren Hektik (noch) nicht in diese Täler zu dringen vermag. Es ist Geschmackssache, welches der beiden Täler man als das schönere ansehen will. Der Kamp ist größer, strömt in weiten Bögen durch die Talenge, die Zwettl sprudelt munter über die granitenen Blöcke in ihrem Bett. Sie hat mehr den Charakter eines Gebirgsbaches.

Auf der Runde kommt man auch am „Kuenringerstein" vorbei, der an einen symbolischen Umritt des Kuenringers Hadmar und des Abtes Hermann am Neujahrsmorgen des Jahres 1138 erinnert, mit dem sie symbolisch den Besitz des Klosters abgrenzten, indem sie ihn umritten. Im Jahre 1660 wiederholte der damalige Abt des Stiftes Zwettl, Johann Bernard Linck, dem man einen besonderen Hang zur Tradition nachsagte, diesen Ritt. Und an der Stelle, an der er – wie seine Vorgänger – begann, ließ er einen Gedenkstein setzen, den Kuenringerstein. Leider ist der Stein schon so stark verwittert, daß man Inschrift und Relief nicht mehr erkennen kann.

Daß die Runde durch die beiden Flußtäler relativ kurz ist, hat den Vorteil, daß noch genügend Zeit für die Besichtigung der vielen Sehenswürdigkeiten in Stift und Stadt bleibt.

*

Ausgangspunkt der Wanderung ist die Bezirksstadt Zwettl. Nahe dem Zusammenfluß von Kamp und Zwettl beginnt der rot markierte Weg Nummer 1, dem man auf dem linken Ufer des Kamps folgt. Man wandert bis zum Wasserwerk der Stadt und wechselt dort auf einer Brücke über den Fluß ans rechte Ufer. Es geht weiter auf einem Fahrweg – nach links zweigt der Weg zur Schwarzalm ab –, man bleibt immer am Ufer oder doch in der Sohle des Tales, das einige kleine Erweiterungen aufweist. Vorbei an der Franz-Josef-Rast und einer von den Zwettler Naturfreunden errichteten Unterstandshütte kommt man zum E-Werk. Dort geht der Fahrweg in einen Steig über, der zwischen dem Kamp und dem E-Werks-Kanal verläuft.

Bei der Gschwendtmühle gelangt man zu einem Steg, über den man wieder an das linke Ufer des Flusses zurückkehrt. Gehzeit ab Zwettl 1 ½ Stunden.

Nun sind wir auf dem TVN-Weg Nummer 12, der ebenfalls rot markiert ist. Gleich nach dem Steg wandert man ein kurzes Stück auf einem Fahrweg, die Markierung wendet sich dann nach rechts in den Hang. Einem kurzen steilen Stück folgt ein flacherer Abschnitt, man bleibt die ganze Zeit im Wald und erreicht die Bundesstraße, die von Zwettl nach Gschwendt und nach Rapottenstein führt. Kurz nach Querung dieser Straße, noch nahe dem Waldrand, stößt man auf den oben erwähnten Kuenringerstein. Eine kleine Tafel mit der Geschichte des Steins wäre sicher vorteilhaft.

Nun senkt sich der Weg, man erreicht eine Straße, auf der man nach Syrafeld absteigt. Gehzeit ab Gschwendtmühle 1 Stunde (die auf den Wegweisern angegebene Gehzeit von einer ¾ Stunde ist für sehr flotte Geher gedacht).

Gleich nach der Ortstafel überschreitet man auf der Straßenbrücke die Zwettl und schwenkt sofort nach links auf die rote Markierung des Weitwanderweges Nummer 611 ein (Kamptal-Stausee-Weg). Der Weg führt zuerst durch offenes Gelände, dann entfernt er sich etwas von dem lieblichen Fluß und bleibt ständig im Wald.

Später führt er wieder in der Nähe des linken Ufers der Zwettl. Bei der Einmündung des Strahlbachs beginnt ein Forstlehrpfad, auf dem es auch eine offene Unterstandshütte gibt. Schließlich erreicht man nach einem kurzen Anstieg eine freie Fläche – mit schöner Sicht auf eine Flußschlinge – und nach einem kurzen Marsch das verbaute Gebiet der Stadt. Gehzeit ab Syrafeld 1 Stunde.

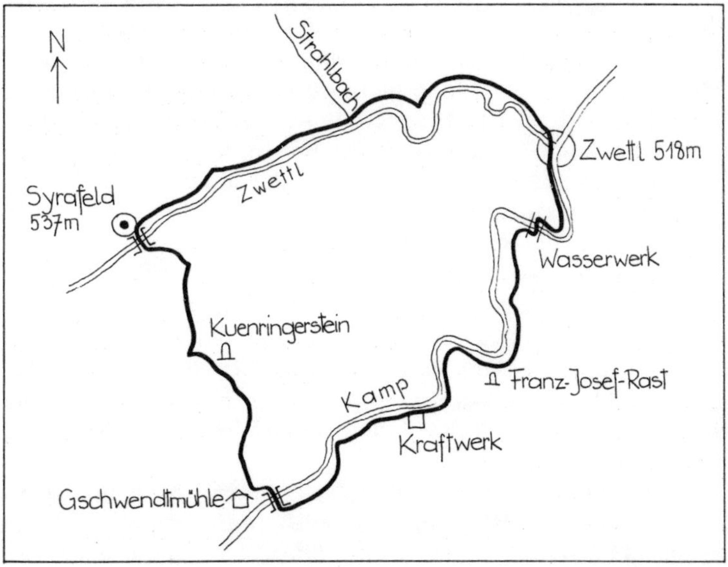

Im Tal der Thaya

Rundtour von Raabs zur Ruine Kollmitz

Relativ lange, aber nicht sehr anstrengende Wanderung.

Gesamtgehzeit 5 Stunden, Höhendifferenz rund 250 m.

Wirtshaus in Kollmitzgraben ein guter Stützpunkt.

Wege gut markiert, nur ein kurzes Stück unmarkiert.

Bundesamtskarte 1:25.000 oder 1:50.000, Blatt 7 (Groß Siegharts).

Wer das Waldviertel nur vom Auto aus kennt, kennt es nicht. Nur wer einige der tief eingeschnittenen Täler durchwandert hat, den uralten Routen gefolgt ist, wer sich auf den Hochflächen den Wind um die Nase hat wehen lassen und von einer der vielen Felskanzeln den Lauf der Flüsse beobachtet hat, weiß um die Schönheit dieser Landschaft, um ihre Eigenart. Das Waldviertel darf man nicht durchrasen, man muß es erfühlen. Und das geht am besten, indem man es durchwandert. Nur der Wanderer kann noch den Rötelfalken in den Gemäuern der alten Burgen beobachten oder am Ufer der Thaya einen Eisvogel überraschen.

Das Thayatal bei Raabs gehört ohne Zweifel zu den schönsten Teilen des Waldviertels. Raabs, am Zusammenfluß der deutschen und der mährischen Thaya, ist ein reizendes Städtchen mit einem mächtigen Schloß über den beiden Flüssen, das im 11. Jahrhundert von den Babenbergern als militärischer Stützpunkt erbaut wurde. Ihre heutige Form verdankt die Burg den Grafen von Puchheim, welche die Festung zwischen 1358 und 1701 besaßen.

Am „Umkehrpunkt“ der Wanderung steht die Ruine Kollmitz, imposanter Rest einer der größten Burganlagen Österreichs. Die schon im 13. Jahrhundert urkundlich erwähnte

Feste verfällt seit den Napoleonkriegen. Seit 1934 befindet sie sich im Besitz der Stadt Waidhofen an der Thaya. Noch heute beeindruckt die 160 Meter lange „Böhmische Mauer“, welche die Burg gegen den Berg hin abschirmt, also die schwache Stelle der Befestigungsanlage zu schützen hatte.
Auf einem kleinen Abstecher, den man unter keinen Umständen auslassen sollte, kommt man auch zum Klinger-Mausoleum, das hoch über dem Fluß liegt. Das Grabmal hat ein früherer Besitzer der Burg Raabs seiner Frau gesetzt. Noch heute reißen die Gerüchte um dieses Mausoleum nicht ab. Nach dem Ersten Weltkrieg verliebte sich Sybille, die Frau des Barons Klinger von Klingersdorff, in den aus Rußland geflüchteten Großfürsten Cyrill von Orloff. Das Paar wollte den Mann der Burgherrin beseitigen, bei einem Jagdunfall aber starb der Großfürst. Worauf sich Sybille entleibte – oder von ihrem Mann umgebracht wurde, wie die Fama wissen will. Der Baron ließ über der Thaya das Mausoleum errichten, in dem auch er bestattet ist.
Auf dem Weitwanderweg böte sich eine Streckenwanderung von Raabs nach Drosendorf an, die Verbindungen mit dem Bus sind aber so schlecht, daß man nicht mehr zum Ausgangspunkt zurückkäme.

*

Ausgangspunkt ist Rabbs an der Thaya. Beim Spritzenhaus der Feuerwehr stößt man auf die roten Marken des Weitwanderweges 630 – hie und da noch alte grüne Marken –, der Weg führt ans Ufer des Flusses und diesen entlang, später über eine Wiese. Beim Jungfernstein wendet sich der Weg von der Thaya ab und steigt steil an. Man kommt auf ein freies Feld und wählt bei einer Weggabel an einem mitten im Feld stehenden Baum den linken Ast, der rot-gelb markiert ist. Über Kollmitzdörfl, das man durchquert, kommt man zum Waldrand, wo bald der Weg scharf nach links zum Klinger-Mausoleum abzweigt. Man erreicht sehr bald das Grabmal, von dem aus man einen schönen Tiefblick auf die Windungen des Flusses hat. Gehzeit ab Raabs 1 ½ Stunden.
Nun, bitte, nicht auf die rot-gelbe Markierung zurück. Gleich beim Mausoleum zweigt vom markierten Weg nach Westen ein schmaler Steig ab, der immer knapp oberhalb des Steinbruchs verläuft. Von den Felskanzeln an diesem Steig hat man den schönsten Blick zur Thaya und über die Hügel des Waldviertels. Nach etwa 20 Minuten stößt man wieder auf die Mar-

kierung, und bald ist man dann – wieder auf die Markierung des Weitwanderwegs wechselnd – bei der Ruine Kollmitz, die man durch ein Tor in der Böhmischen Mauer betritt. Gehzeit ab Mausoleum eine ½ Stunde.
Nun folgt der Abstieg nach Kollmitzgraben, man geht über die Brücke. Eine grün-braune Markierung weist den Weg nach Sauggern. Man folgt der kaum befahrenen Straße, die ständig ansteigt. Im Ort macht die Straße eine Linkskurve, wir aber gehen geradeaus – immer noch grün-braun markiert – über die Felder zum Waldrand und steigen dann in das Tal des Seebsbaches ab.
Bald nach einem Steg stoßen wir auf eine rote Markierung 631. Am unteren Rand einer Wiese geht es weiter. Das Seebsbachtal ist eine richtige Wildnis, romantisch und eindrucksvoll. Es geht ständig bergauf und bergab. Ehe man die Mündung des Baches in die Thaya erreicht, wendet sich der Weg scharf nach links, es folgt ein kurzer Anstieg zu einer Abzweigung. Man hält sich rechts und bleibt auf der roten Markierung 631 – manchmal auch braune Marken –, wandert auf einem steilen Hang über dem Thayaufer. Dann geht es hinunter, über Wiesen kommt man nach Raabs zurück. Gehzeit ab Kollmitzgraben 2 ½ Stunden.

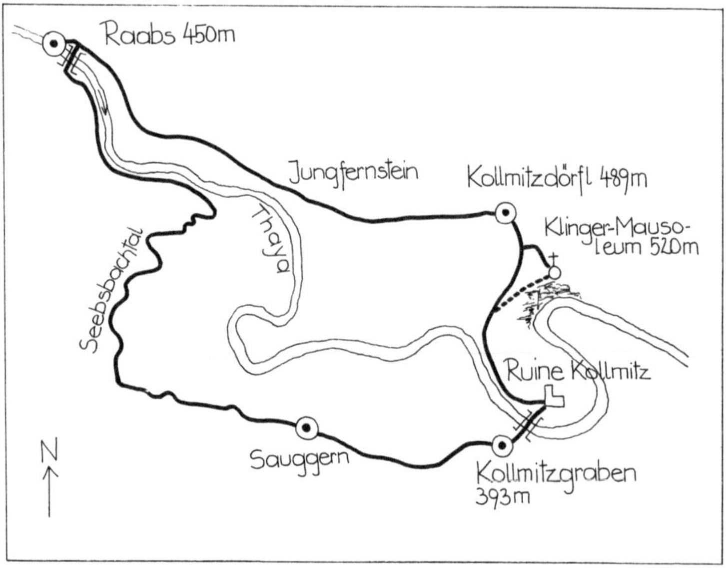

Romantik an der Großen Krems

Rundtour von Albrechtsberg durch das Tal der Großen Krems

Mittel anstrengende Wanderung in einer typischen Waldviertler Tallandschaft.

Gesamtgehzeit 4 Stunden, Höhendifferenz 150 m.

Stützpunkt das Gasthaus Brauhaus.

Wege gut markiert und beschildert.

Bundesamtskarte 1:25.000 oder 1:50.000, Blatt 37 (Mautern).

Durch jedes der tief in das dunkel-düstere Urgestein eingeschnittenen Täler des Waldviertels führt ein Weitwanderweg. Es zahlt sich immer aus, in dieser eindrucksvollen Landschaft dem Lauf der Flüsse zu folgen, die wahrscheinlich auch die ältesten Verkehrsrouten bilden. Es muß ja nicht gleich eine Weitwanderung sein. Im Bereich der Großen und Kleinen Krems lassen sich ohne besondere Schwierigkeiten Rundwanderungen zusammenstellen, die nicht weniger romantisch und abwechslungsreich sind als so manch gerühmte Streckentour. Man kann viele Täler des Waldviertels auch zizerlweis durchwandern und kennenlernen.
Vom fast 700 m hoch gelegenen Albrechtsberg bietet sich eine Runde durch das Tal der Großen Krems an, die hier eine urtümliche Landschaft durcheilt. Man gewinnt einen guten Eindruck, wie schwierig die Erschließung dieses Landes einmal gewesen sein muß. Daß schon die Urmenschen diese Täler durchstreift haben, ist erwiesen. Unweit von Albrechtsberg befindet sich an der Kleinen Krems die Gudenushöhle, in der Spuren des Neandertalers gefunden wurden. Auch andere Höhlen in diesem Bereich zeigten Reste früher Besiedlung.
Die vielen erneuerten Stege auf unserer Runde beweisen, daß der idyllisch dahinströmende Fluß gewaltige Energien ent-

wickeln kann, wenn Regen und Tauwetter die Fluten anschwellen lassen oder der Eisstoß dem Wasser den Weg verlegt. Zahlreiche Windbrüche weisen auf das rauhe Klima des Waldviertels hin, nicht einmal die tiefliegenden Talsohlen sind vor den zerstörenden Sturmböen sicher.
Von Albrechtsberg gehen mehrere gut markierte Wanderrouten aus, die man auch miteinander kombinieren kann. Auch ein Abstecher zum „Zwickel", dem Zusammenfluß von Großer und Kleiner Krems, bietet sich an. Da die Große Krems bei weitem nicht so stark besucht ist wie die Kleine Krems, sei ihr hier der Vorzug gegeben.
Verhält man sich ruhig, lassen sich auch scheue Tiere beobachten. Die Große Krems ist Jagdgebiet des Graureihers, auch der Fischotter soll hier schon beobachtet worden sein.

*

Ausgangspunkt unserer Wanderung ist also Albrechtsberg. Auf dem Hauptplatz beginnt die grüne Markierung, die ein kurzes Stück auf der Straße nach Gillaus führt und dann nach rechts in die Felder abzweigt. Über leicht fallendes Terrain erreicht man den kleinen Flecken Gillaus und steigt nun auf dem Weg Nummer 3 – später blaue Markierung – auf einem Fahrweg zum idyllisch gelegenen Wirtshaus Gillausklause ab, das sich nur deswegen nicht für eine Rast anbietet, weil man zu kurz unterwegs ist.
Im engen Graben folgt man dem Bach bis zu dessen Mündung in die Große Krems. Dort trifft man auf den rot markierten Weitwanderweg 606, der ein schönes Stück nun auch unser Weg ist. Gehzeit ab Albrechtsberg eine ¾ Stunde.
Nun geht es immer der Großen Krems entlang flußaufwärts, man quert zweimal das Gewässer auf Stegen und kommt dann an der Roten Wand vorbei, die wegen der Färbung der Flechten besser als Gelbe Wand bezeichnet würde. Auf dem Fels ist auch eine Hochwassermarke aus dem Jahre 1975 eingetragen.
Abermals geht es über die Große Krems, auf dem linken Ufer erreicht man einen Umlaufberg – vorher auf der anderen Seite des Flusses mehrere Fischteiche –, der an seiner schmalen Stelle überschritten wird. Vorbei an der Weißensteinmühle, wo sich auch einer der wenigen Skilifts des Waldviertels befindet, gelangt man zum Brauhaus, in dem aber seit mehr als hundert Jahren kein Bier mehr erzeugt wird und das trotzdem immer noch den Namen trägt.
Das danebenliegende gemütliche Gasthaus bietet sich als

Die zerklüftete steile Südwestseite des Tonion

Raststätte an. Gehzeit ab Mündung des Gillausbaches 1 ½ Stunden.

Nun marschiert man ein kurzes Stück auf der kaum befahrenen Straße, nach einer scharfen Linkskehre zweigt scharf nach rechts – rot markiert – der richtige Weg ab, der zuerst hoch über dem Fluß einen Hang entlangführt. Später gelangt man auf einer steigartigen Anlage an das Ufer des Flusses, dem man weiter aufwärts folgt. Nach einer Furt quert man auf einem Steg ans linke Ufer der Großen Krems und erreicht knapp nach der Herrschaftssäge – die erstaunlicherweise mitunter als Heuriger dient, obgleich in dem rauhen Klima nirgends Wein gedeiht – eine Straßenbrücke. Gehzeit ab Brauhaus 1 Stunde.

Nun geht's über die Brücke. Ein paar Meter auf der Straße weiter, dann zweigt links ein Weg – Nummer III – zum Wald ab. Die Markierung findet sich erst auf den Bäumen. Man folgt dem Pfad, der nach einer Wiese steil ansteigt, hier wieder deutlich eine rote Markierung. Sehr bald wird das Terrain flacher, man erreicht den Waldrand. Zwischen Feldern, vorbei an einer romantischen Kapelle, wandert man zurück nach Albrechtsberg, dessen Schloß die Gegend dominiert. Gehzeit ab Kremsbrücke rund eine ¾ Stunde.

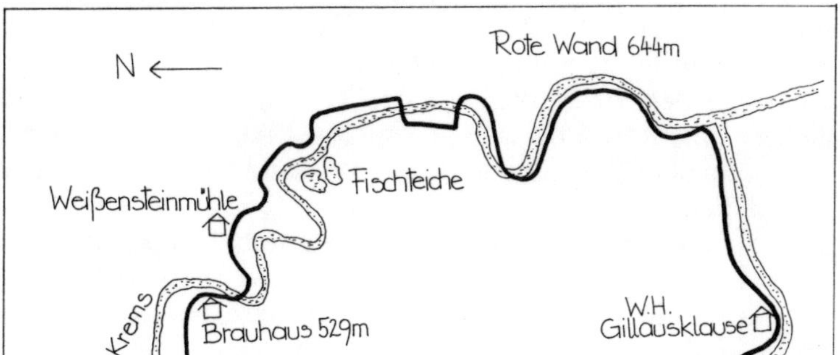

Frühlingsbeginn auf der Brandmauer (Blick zum Ötscher)

Zwei „Hits" hoch über der Donau

Rundwanderung von Sarmingstein auf Predigtstuhl und Schloßkogel

Leichte Wanderung in einem der schönsten Teile des Donautales.

Gesamtgehzeit rund 3 Stunden, Höhenunterschied 300 m.

Wirtshaus in Gloxwald und an der Straße nach Waldhausen als Stützpunkte.

Markierungen könnten teilweise etwas besser sein.

Bundesamtskarte 1:50.000, Blatt 53 (Amstetten) oder Wanderkarte Strudengau 1:25.000.

Das enge Donautal im Strudengau zwischen Sarmingstein und St. Nikola gehört sicherlich zu den schönsten der österreichischen Landschaften an der Donau. Und wenn man den Strudengau ganz genießen, ihn von seiner schönsten Seite kennenlernen will, dann darf man nicht im Tal bleiben, dann ist nicht einmal eine Fahrt mit dem Schiff genug, dann muß man auf einen der den Strom begleitenden Höhenzüge steigen. Dort gibt es phantastische Aussichtsplätze. An schönen Tagen sieht man über Donautal und Alpenvorland hinweg bis zu den Hochalpen.

Der Strudengau liegt schon im Stauraum des Kraftwerks Ybbs-Persenbeug, was aber keine negativen Auswirkungen hat, denn die Kraftwerksbauer waren damals mit Umsicht und Klugheit am Werk, sodaß der Landschaft kein Schaden zugefügt wurde.

Der Strudengau ist ein ideales Wandergebiet, das man auch leicht erreichen kann. Es existieren in diesem Bereich viele Wanderrouten, die in einer eigenen Karte festgehalten sind. Die Markierungen sind zwar nicht ideal, manche Route hätte man auch besser zusammenstellen können. Aber was tut's? Die Orientierungshilfen reichen aus, um ohne größere Probleme die Routen und Ziele zu finden.

Ohne Zweifel sind Predigtstuhl und der Schloßkogel oberhalb von Sarmingstein besondere Attraktionen dieser an Schönheiten so reichen Gegend. Beide Punkte erreicht man auf dieser Wanderung, die sich auch für Kinder bestens eignet. Man muß nur im Bereich der Felsen besondere Vorsicht walten lassen.
Die Hänge links und rechts der Donau sind zwar recht steil, aber man steigt ja nicht in der Direttissima auf, die Wege führen in weitem Bogen zur Höhe, die Anstrengungen halten sich daher in eher bescheidenen Grenzen. Viel Ausdauer ist für Touren im Strudengau nicht nötig, zu den reinen Gehzeiten muß man allerdings gehörige Zuschläge machen, denn es zahlt sich aus, an den vielen schönen Punkten zu verweilen und die Landschaft zu genießen.

*

Ausgangspunkt unserer Wanderung ist Sarmingstein im Strudengau. Man geht zuerst ein Stück auf der Straße in Richtung Waldhausen. Etwa hundert Meter nach einer scharfen Linkskehre zweigt (Wegweiser) rechts ein schmaler, mit gelben Klecksen markierter Weg ab, dem man folgt. Es geht etwas steil hinauf, schließlich erreicht man eine freie Fläche (Aussicht) und den Bauerngruber-Hof. Dort zweigt man scharf links ab und wandert auf dem asphaltierten Güterweg weiter.
Bald nach einem weiteren Hof weist ein auf die Straße gemalter Pfeil zu einem Feldweg, über den man in einem Linksbogen den Wald und bald darauf den unscheinbaren Gipfel des Predigtstuhls erreicht. Gehzeit ab Sarmingstein etwa 1 Stunde. Ein Bankerl lädt zum Rasten ein, der Blick auf die Donau lohnt die Mühen des Anstiegs reichlich. Den schönsten Aussichtsplatz aber findet man, wenn man den gelben und nun auch roten Marken ein Stück folgt und zu einer Felskanzel über senkrechten Abstürzen kommt.
Nun zurück bis zum Güterweg, dort geht man nach links weiter und kommt, leicht ansteigend, zu zwei Häusern, wo der Weg zu einem schmalen Pfad wird. Man hält die Richtung bei und gelangt nach ein paar Minuten in die kleine Ortschaft Gloxing.
Auf der wenig befahrenen Straße steigt man durch einen Graben nach links ab. Nach etwa 20 Minuten ist man bei der Straße, die von Sarmingstein nach Waldhausen führt. Nahe der Kreuzung befindet sich auch ein Wirtshaus, das sich für die Rast anbietet.

Man quert nun die Straße und den stark mäandrierenden Sarmingbach und steigt auf einem asphaltierten Güterweg bis zum ersten Bauernhaus auf. Dort zweigt der Weg – Hinweistafel, hie und da auch weiße Pfeile – nach links zum Schloßkogel ab.
Den bewaldeten Gipfel des Schloßkogels betritt man nicht, eine Besteigung zahlt sich auch nicht aus. Man bleibt vielmehr am Hang und wandert zu den Resten der Burg Säbnich, die hoch über der Donau situiert ist. Fast direkt bei der Tafel „Ruine Säbnich“ – daneben die Reste eines alten Brunnens – zweigt nach rechts ein schmales Steiglein ab, das nach ein paar Metern zu einem traumhaft schönen Platzerl mit Blick auf das Donautal in Richtung Ybbs führt. Gehzeit ab Predigtstuhl etwa 1 ½ Stunden.
Sarmingstein liegt direkt zu Füßen, die Donau ist ein langgestreckter See, auf dem träge die Schiffe ihre Bahn ziehen.
Nun geht man ein paar Meter zu markiertem Weg zurück und steigt nach rechts verhältnismäßig steil in das Tal des Sarmingbaches ab. Auf der alten Straße kehrt man bequem nach Sarmingstein und zum Ausgangspunkt der Wanderung zurück. Gehzeit ab Schloßkogel eine ½ Stunde.

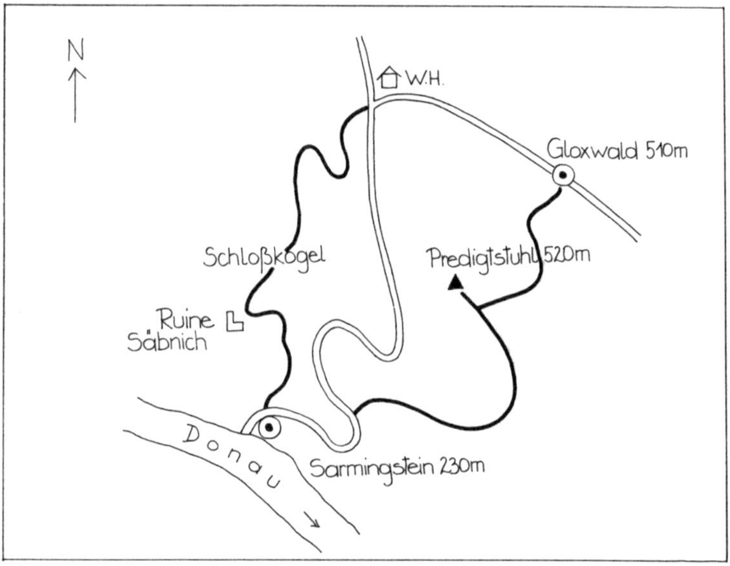

Das Juwel im Strudengau

Eine Rundtour durch die Stillensteinklamm bei Grein an der Donau

Gemütliche, sehr interessante Wanderung durch die romantische Stillensteinklamm.

Gesamtgehzeit 2 ½ Stunden, zu bewältigende Höhendifferenz unter 200 m.

Kein Stützpunkt, ein solcher ist bei der Kürze der Wanderung auch nicht notwendig.

Ein kurzer Teil des Weges ist markiert, aber keine Orientierungsschwierigkeiten.

Bundesamtskarte 1:25.000 oder 1:50.000, Blatt 53 (Amstetten).

Der Strudengau, wo die Donau die Grenze zwischen Nieder- und Oberösterreich bildet, ist ein malerischer Fleck unserer Heimat. Der Strom fließt träge zwischen den steilen Hängen, da sich die Stauwirkung des Kraftwerks Ybbs-Persenbeug schon bemerkbar macht, eine Ortschaft ist reizvoller als die andere. Das Städtchen Grein – mit dem ältesten Theater Österreichs, vielen alten Häusern und dem Schloß – ist allein schon einen Ausflug wert.

Die von der Granithochfläche des Wald- und Mühlviertels zur Donau fließenden Bäche haben tiefe Schluchten in den felsigen Untergrund gegraben, eine davon ist die zu Recht oft genannte und berühmte Stillensteinklamm.

Die Wanderung ist sehr abwechslungsreich und wenig beschwerlich. Der Weg durch die romantische Klamm ist in bestem Zustand, die Markierungen sind in Ordnung, wenngleich sie nicht immer mit den Karten übereinstimmen. In der Klamm gibt es kaum eine Möglichkeit des Verirrens. Obgleich die reine Gehzeit relativ kurz ist, muß man für diese Runde doch einige Zeit aufwenden, da viele romantische Plätze in der Klamm zum Verweilen einladen. Außerdem ist die Pflanzenwelt des Gebiets höchst interessant. Im beginnenden Sommer findet man ganze Dickichte von Gemswurz.

Das Wasser des Gießenbachs, der durch die Stillensteinklamm strömt, wird zum Teil durch das Druckrohr eines kleinen Kraftwerks abgeleitet, es bleibt aber immer noch genug Naß, um Kaskaden bewundern zu können. Das „Pflichtlakkerl" reicht aus, der Klamm die Romantik zu bewahren. Zudem ist der Stausee am oberen Klammeingang eine weitere Bereicherung der Wanderung.
Hier wurde der Beweis geliefert, daß man technische Anlagen so konzipieren kann, daß sie keine Beeinträchtigung der Landschaft darstellen.
(Auch der beim Bau des Kraftwerks Ybbs-Persenbeug umgestaltete Mündungsbereich des Gießenbachs führt recht deutlich vor Augen, daß man sich bei den Donaukraftwerken in einer Zeit, da von Umweltschutz und Landschaftserhaltung noch keine Rede war, um ebendiese Probleme offensichtlich mehr gekümmert hat als heute.)
In der Klamm muß vor vielen tausenden Jahren ein Bergsturz niedergegangen sein, denn im Mittelteil verschwindet der Gießenbach unter mächtigen Urgesteinsbrocken, man hört nur sein Rauschen.

*

Ausgangspunkt unserer Wanderung ist der malerische Ort Struden im Strudengau. Ein paar hundert Meter außerhalb des Ortes in Richtung Grein beginnt der Weg durch die Klamm (Wegweiser). Dort gibt es auch genügend Parkplätze. Bahnfahrer erreichen den Klammeingang in etwa einer ¼ Stunde.
Unter dem Viadukt der Donauuferbahn durch geht es nach Norden. Der Weg – an dem auch ein nicht sehr gepflegter Fitparcours angelegt ist – bleibt anfangs eher flach, später wendet man sich nach links von einem Fahrweg auf einen Steig. Engstellen wechseln mit Erweiterungen, mitunter weicht der Weg in den westlichen Hang der Klamm aus.
Vor dem Wasserfall quert man den Bach auf einem schmalen Steig, dann steigt man zum Stillenstein – einer bizarr geformten Felsengruppe, um die sich auch eine Sage rankt – und die die Klamm fast überdacht – auf. Unmittelbar bei diesem eindrucksvollen Felsen findet man auch ein Bankerl für die Rast.
Weiter geht es durch die nun sehr enge Klamm, unter den Granitblöcken rauscht geheimnisvoll der Bach. Später – wenn das Gewässer wieder zu sehen ist – quert man wieder

auf die rechte Talseite, steigt etwas steil den Hang hinan und erreicht auf einem fast ebenen Weg den kleinen Stausee, bis zu dessen Ende man weitergehen sollte. Gehzeit ab Klammeingang etwa 1 ½ Stunden.

Wandert man den Gießenbach entlang weiter, kommt man zu einer Straße, auf dieser erreicht man das Wirtshaus Aumühle. Der Abstecher zahlt sich kaum aus. Es ist besser, man kehrt beim Stausee um und wandert auf der bekannten Route bis zum Stillenstein zurück. Dort zweigt man nach links auf einen relativ neuen und gut gesicherten Steig (Wegweiser Struden und St. Nikola) ab, der hoch über der Klamm auf die freie Fläche beim Unteren Holzhacker, einem kleinen Gehöft, führt. Dort gibt's übrigens frische Milch.

Gleich nach dem Haus zweigt man nach rechts auf einen Wiesenweg, der zu einer kurvenreichen Forststraße führt. Nun verläßt man am besten die Markierung und wandert auf der schmalen Straße weiter nach rechts in Richtung Klamm, deren Sohle man bald erreicht. Den Fahrweg auf der linken Seite des Gießenbachs wandert man talauswärts, erreicht die schon vom Anstieg bekannte Markierung und gelangt zum Ausgangspunkt zurück. Gehzeit ab Stausee 1 bis 1 ½ Stunden.

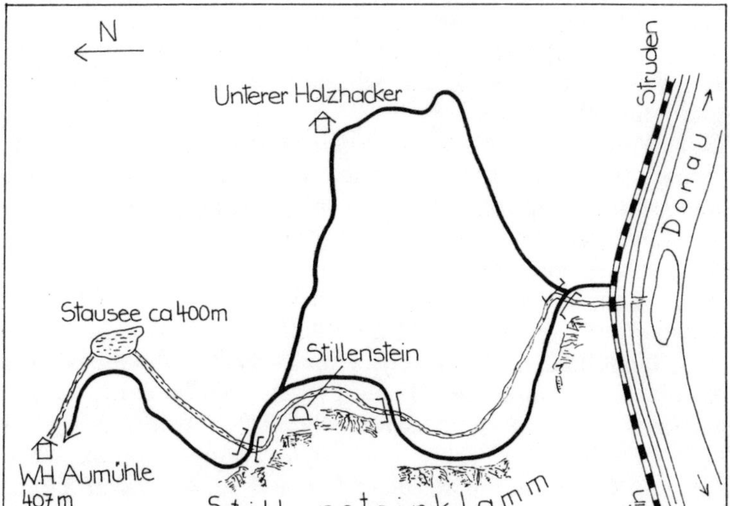

Ein Blütenteppich auf dem Tonion

Rundwanderung von Fallenstein über Tonion und Herrenboden

Sehr anstrengende, aber traumhaft schöne Runde.

Gesamtgehzeit 6 bis 6 ½ Stunden, Höhendifferenz gesamt über 1.100 m.

Tonion-Hütte nur in der Saison am Wochenende und an Feiertagen bewirtschaftet.

Wege gut markiert und beschildert. Bei unsicherem Wetter ist von der Runde abzuraten.

Bundesamtskarte 1:25.000 oder 1:50.000, Blatt 103 (Kindberg).

Auf dem Tonion geraten manchmal die Jahreszeiten etwas durcheinander, noch blühen Schneerosen und Seidelbast, zeigen sich schon Clusiusprimel, Petergstamm und Enziane. Und die Frühlingsanemone konkurriert mit den Soldanellen. Später im Jahr schmücken Almrausch und Enzian die Matten, auch so manches heilkräftige Pflänzchen wächst auf diesem Berg, den man wohl zu den Schmuckstücken des Mariazeller Gebietes zählen muß.

Der Wanderer weiß die Behaglichkeit der kleinen Naturfreundehütte zu schätzen, zu der man das Wasser aus einer nahen Quelle auf dem Buckel schleppen muß. (Man glaubt nicht, wie schwer so eine volle Kanne selbst auf einer kurzen Strecke werden kann.)

Aber man ist entsetzt, wenn man von der Hütte durch die sogenannte Kampfzone auf den Gipfel steigt. Wo die Waldzone fließend in die Latschenregion übergeht, sind die Bäume krank, sehr krank. Der Tonion ist der Nachbar des Hochschwabs, von dem Wien einen erheblichen Teil seines Wassers bezieht. Man sollte mit offenen Augen durch diese Gegend wandern, um aus eigener Anschauung zu dem Urteil zu kommen, daß man mit Maßnahmen gegen das Baumsterben nicht mehr zuwarten kann. Viel Zeit bleibt uns nicht

mehr, unsere Wälder und damit unsere Quellen zu retten. Die Aussicht vom Gipfel des Tonions ist einmalig. Hochschwab, Zellerhüte, Dürrenstein, Ötscher, Veitsch ... bilden ein grandioses Panorama. An schönen Tagen möchte man den Gipfel gar nicht verlassen und immer nur schauen.
Der Berg ist – wie eingangs erwähnt – wegen seiner Blütenpracht bekannt, wegen seiner Höhlen ist er berühmt. Die „Fledermaushöhle“ – in der Bundesamtskarte als Riesenschacht bezeichnet – galt einst als die tiefste Höhle Österreichs, bis eine Expedition mit genauen Meßergebnissen wieder ans Tageslicht zurückkehrte: Exakt 446 m ist die Höhle tief, der Schacht, der von der Oberfläche senkrecht bis zu einem ersten Absatz in den Berg führt, hat eine Tiefe von 110 m. Eine verrostete Seilwinde beim Höhleneingang erinnert heute noch an diese Expedition im Jahre 1963.
Der Knochenschacht, an dem man beim Aufstieg von der Tonionalm zum Gipfel vorbeikommt, verdankt seinen Namen interessanten Knochenfunden. Die Höhlen des Tonions sind allerdings den Höhlenforschern, den Experten, vorbehalten, für Wanderer sind sie einfach zu gefährlich.

*

Ausgangspunkt unserer Wanderung ist Fallenstein an der Straße von Gußwerk zum Seeberg. Die rote Markierung Nummer 428 weist den Weg. Auf einer schmalen Straße steigt man nicht ganz bis zum Wirtshaus Lechnerbauer auf, wechselt dort auf eine Forststraße und schließlich auf einen schmalen, zum Teil steilen Steig, der in vielen Kehren einen Rücken hinaufführt. Schließlich erreicht man flacheres Gelände, mit wesentlich geringerer Anstrengung bewältigt man die weitere Steigung zur Tonionalm und zur Naturfreundehütte. Gehzeit ab Fallenstein 1 ½ Stunden.
Über einen steilen, langen Hang geht es in weiten Kehren weiter, dann verflacht das Terrain, über blumengeschmückten Almboden gelangt man auf den Gipfel, wo sich noch die Reste einer vor mehr als 60 Jahren abgebrannten Hütte befinden. Gehzeit ab Naturfreundehütte eine ¾ Stunde.
Man bleibt auf der roten Markierung 428, steigt zwischen Hüttenkogel und Sonntagskogel leicht ab und erreicht im Gegenanstieg das Hochschnäbeltörl, von wo es steil auf die große Almfläche des Herrenbodens hinuntergeht. Dort zweigt man rechts ab und erreicht die Almhütte, in der man Rast machen kann. Gehzeit ab Tonion-Gipfel 1 Stunde.

Die „Fledermaushöhle" liegt in den Wänden 50 m über dem Talboden, sie ist lagerichtig in der Bundesamtskarte eingezeichnet, aber nur über schrofiges Terrain schwer zu erreichen. Nun wandert man vom Herrenboden auf der roten Markierung 405. Nach leichtem Anstieg geht es steil zum Ochsenboden hinunter und gleich wieder über Almwiesen hinauf. Der nächste Abstieg führt zur Weißalm, wo die Markierung bei der Almstraße ein scharfes Eck nach links macht. Auf dieser Straße wandert man nun gemütlich bis zum Wetterl, wo die Straße eine scharfe Rechtskurve macht. Gehzeit ab Herrenboden 1 Stunde.
Nun besteht die Möglichkeit, die Runde abzubrechen. (Für Autofahrer ergibt sich dann das Problem, wie sie zu ihrem Wagen zurückkommen.) Man bleibt auf der Almstraße, wandert weiter bis zur Wetterinalm und steigt dann zum Niederalpl ab (Bushaltestelle). Die Gehzeit ab Wetterin beträgt dann eine ½ Stunde.
Wir aber zweigen bei der Wetterin scharf nach rechts auf die rote Markierung Nummer 433 ab, die auf den Molterboden und von dort durch den langen Lieglergraben über den Lieglerbauern zurück nach Fallenstein führt. Gehzeit ab Wetterin 1 ½ bis 2 Stunden.

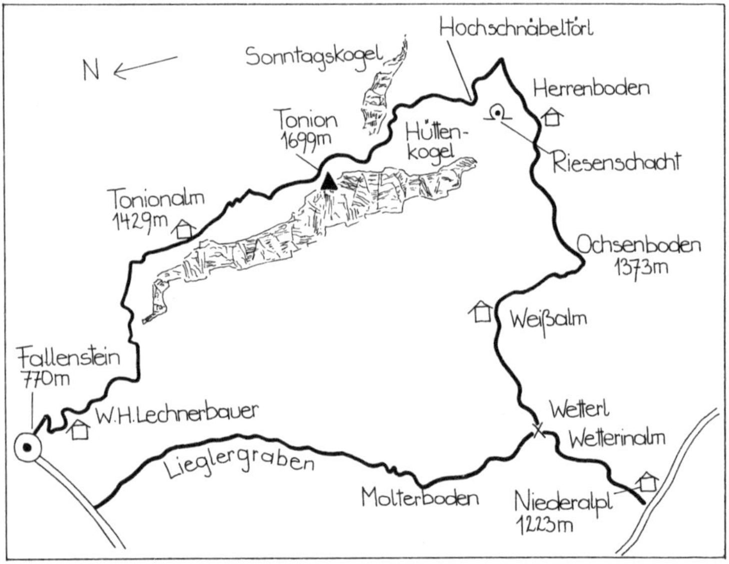

Die große Ötscher-Runde

Rundtour von der Erlaufklause über den Rauhen Kamm zum Ötscher

Lange, konditionsraubende und schwierige Wanderung im alpinen Bereich.

Gesamtgehzeit 9 bis 10 Stunden, Höhendifferenz rund 1.200 m.

Ötscher-Haus des ÖTK das ganze Jahr über bewirtschaftet.

Wege gut markiert und beschildert.

Bundesamtskarte 1:25.000 oder 1:50.000, Blatt 72 (Mariazell).

Am 6. September 1592 stieg eine Expedition unter Leitung des kaiserlichen Kommissärs Richard von Strein den Südhang des Ötschers hinan, um den Wahrheitsgehalt der Meldungen zu prüfen, daß man im Geldloch enorme Schätze findet. Mit dem Gold aus dem Ötscher war es nichts, man fand zwar Spuren von Grabungen, aber nichts Wertvolles. Das Gerücht von den sagenhaften Schätzen hielt sich weiter, durch Jahrhunderte.

So rüstete Franz von Lothringen, der geschäftstüchtige Gemahl Kaiserin Maria Theresias, 1747 eine weitere Expedition aus, die endlich die Schätze finden sollte. Ihr Leiter, der Hofmathematikus Nagel, hatte noch weniger Erfolg, er drehte aus Angst vor Fledermäusen und Dohlen, die er für die Seelen von Verstorbenen hielt, bald nach dem Höhleneingang um.

Das Innere des Ötschers war lange Zeit interessanter als der Gipfel. Und noch heute stoßen Höhlenforscher in bisher unbekannte Zonen vor. Im Taubenloch etwa, dessen Eingang nahe dem Geldloch liegt, fanden Mitarbeiter der Höhlenkundlichen Arbeitsgemeinschaft Wachau im Jahre 1980 den größten Höhlenraum Niederösterreichs, den sie „Melker Dom“ nannten. Nicht weniger als 110 m – länger als ein Fuß-

ballfeld – beträgt die größte Länge der Halle, ihre größte Breite 70 m, ihre größte Höhe rund 40 m. Man könnte das Mittelschiff des Stephansdomes mühelos in diesem Höhlenraum des Taubenlochs unterbringen.
Wann der Ötscher, der in einer Mondseer Urkunde schon im 9. Jahrhundert erwähnt ist, das erste Mal bestiegen wurde, ist nicht bekannt. Aber im Jahre 1574 stand der belgische Botaniker Carolus Clusius – der ein Jahr zuvor auf dem Schneeberg war – auf dem Gipfel. Clusius arbeitete im Auftrag von Kaiser Maximilian II. im Wiener Schloß Neugebäude.
Im Jahre 1852 wurde das erste Gipfelkreuz geweiht, im Jahre 1886 entstand das Ötscher-Schutzhaus. Seit 1963 führt ein Sessellift von Lackenhof zum Ötscher-Haus.
Um herauszufinden, ob es zur Sommersonnenwende auf dem Ötscher tatsächlich nicht Nacht wird, erstieg im Jahre 1829 der Schuhmacher Andreas Schöckl aus Lackenhof den Berg und blieb über Nacht.
An klaren Tagen hat man von dem Gipfel eine unbeschreiblich schöne Aussicht, die bis zu den Hohen Tauern, zum Dachstein und zum Böhmerwald reicht.

*

Ausgangspunkt der Runde ist das Hagengut nahe der Station Erlaufklause der Mariazeller Bahn. Auf der roten Markierung geht es ein Stück eine Forststraße entlang und dann rechts durch einen Graben zur Jausenstation Ötscherhias in den Ötschergräben. Man quert den Bach und wandert auf dem linken Ufer durch die berühmten Gräben aufwärts, passiert den romantischen Mirafall. Der Weg ist gelb markiert. Später schwenkt man nach rechts auf die rote Markierung, die den Graben verläßt, auf eine kleine Terrasse und über eine Forststraße zum sogenannten Jägerherz führt. Gehzeit ab Erlaufklause 2 Stunden.
Die blaue Markierung weist den Weg zu den Ötscherhöhlen. Durch einen Graben geht es in vielen Kehren aufwärts, später wendet sich der Weg auf einen Rücken, über freies Gelände gelangt man an den Fuß der Felsen und zum Eingang des Geldlochs. Gehzeit ab Jägerherz etwa 1 ½ Stunden.
Man bleibt am Fuß der Wand und kommt in wenigen Minuten zum Eingang des Taubenlochs und nach einem kurzen, steilen Anstieg zum Beginn des rot markierten Rauhen Kammes.
Der Steig über den Rauhen Kamm ist steinig, steil und teil-

weise sehr ausgesetzt, nur an einer Stelle erleichtern zwei Eisenstifte das Überwinden einer Steilstufe. Für Kinder ist Seilsicherung dringend anzuraten.
Am Ende des Kammes befindet sich das Steigbuch. Gemütlich geht es über grüne Hänge weiter zum Gipfel. Gehzeit ab Geldloch 2 bis 2 ½ Stunden.
Der Abstieg zum Ötscher-Haus ist ungefährlich und bequem, man braucht vom Gipfel etwa eine ¾ Stunde.
Nach ausgiebiger Rast – oder einer Übernachtung in der Hütte – steigt man auf der roten Markierung weiter zum Riffelsattel ab, den man in ein paar Minuten erreicht. Dort wechselt man auf die gelbe Markierung, die direkt nach Süden steil über einen Hang in Richtung Ötschergräben führt. In Kehren geht es tiefer, beim Spielbichler, einem verfallenen Haus, erreicht man eine Terrasse über den Gräben mit einer Forststraße. Dieser folgt man nach links.
Nach etwa 3 km wendet sich die Markierung nach rechts und führt steil in die romantischen Ötschergräben hinunter. Auf dem schmalen Steig kehrt man zum Ötscherhias zurück und steigt durch den Graben des Mühlbaches auf der bekannten Route zum Hagengut und zur Erlaufklause auf. Gehzeit ab Ötscher-Haus 3 bis 3½ Stunden.

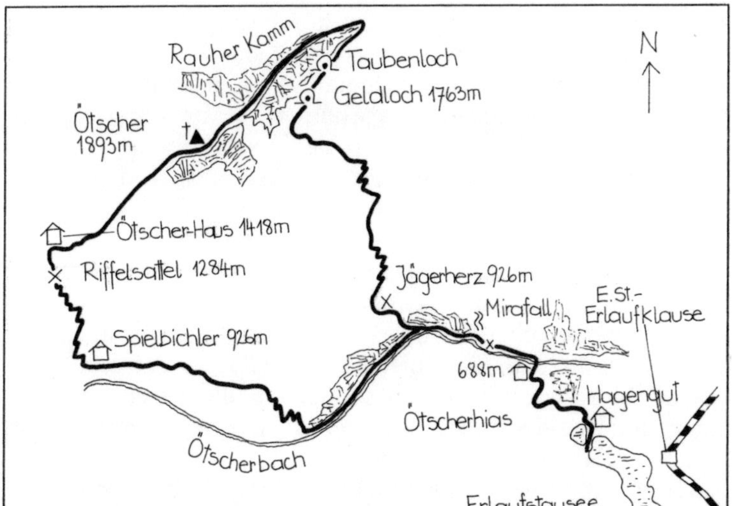

Die stille Seite der Gemeindealpe

Rundwanderweg vom Erlaufsee über Erlaufursprung zur Gemeindealpe

Anstrengende, weil lange Wanderung mit einer Höhendifferenz von rund 800 m.

Gesamtgehzeit 4 ½ bis 5 Stunden. Die Runde läßt sich auf dem Gipfel abbrechen, man fährt dann mit dem Sessellift zu Tal.

Terzerhaus auf dem Gipfel und Gasthaus bei der Lift-Mittelstation ganzjährig bewirtschaftet.

Bundesamtskarte 1:25.000 oder 1:50.000, Blatt 72 (Mariazell).

Das Ötscherland muß man als Wandergebiet nicht gerade propagieren, die Gemeindealpe bei Mitterbach erst recht nicht. Den 1.626 m hohen Gipfel betreten jedes Jahr etliche tausend Skifahrer und Wanderer, die sich vom Sessellift zur Höhe tragen lassen. Aber auch dieser Berg hat seine stillen Seiten, die obendrein recht interessant sind.
Eine Runde mit dem Erlaufsee als Ausgangspunkt führt an vielen Sehenswürdigkeiten vorbei, ganz abgesehen davon, daß einige aufgelassene Almen sich als besonders reizvolle und verträumte Flecken erweisen, deren Besuch sich immer auszahlt.
Von den „Attraktionen“ seien hier nur erwähnt:

- Der Erlaufursprung: Aus einer etwa 25 m tiefen Schachthöhle schießt nach der Schneeschmelze oder nach längeren Regenperioden ein mächtiger, kalter und glasklarer Bach hervor. Erfrischt man sich an dieser Quelle, so versteht man, warum in früheren Zeiten diese Plätze heilig waren. In Trokkenzeiten ist die Schachthöhle leer, die Erlauf entspringt dann weiter unten im Bachbett.
- Die Grubermauer: Der Überlieferung nach hat man den Altarstein der Mariazeller Basilika aus diesem Felsen gebrochen. Drei Jahre hat es angeblich gedauert, bis man den Stein

zu seinem Bestimmungsort gebracht hat. Nahe der Grubermauer befinden sich auch mehrere Höhlen, aus dem Galmeiloch nahe der Brunnsteinalm hat man einst Versinterungen gebrochen, aus denen dann Madonnenstatuen geschnitzt wurden.

• Der Eiserne Herrgott: Ein Marterl am Weg von der Gemeindealpe zum Ötscher, von dem aus man den schönsten Blick zum Ötscher und in die Ötschergräben hat.

Neben dem Terzerhaus befindet sich ein Felsen mit sogenannten „Kuhtrittmuscheln", Megalodonten. Diese Versteinerungen gaben oft schon zu Sagen Anlaß.

Nicht zuletzt ist die Aussicht vom kleinen Gipfelplateau der Gemeindealpe berühmt. Und auch der Abstieg vom Terzerhaus zum Erlaufsee führt über ein idyllisches Wegerl mit vielen schönen Tiefblicken.

*

Ausgangspunkt der Wanderung ist das östliche Ende des Erlaufsees. Neben der Uferstraße führt ein kleines Wegerl, auf dem man ans Westende des Gewässers gelangt, dort stößt man auf die alte blaue und heute neue rote Markierung (Nummer 291), die den weiteren Weg weist. Vorbei am Lindenhof wandert man auf einer Forststraße hoch über dem Bach, später wendet sich die Markierung wieder der jungen Erlauf zu, und man erreicht in mäßiger Steigung den Erlaufursprung. Gehzeit ab Ausgangspunkt 1 Stunde.

Nun wird der Weg steiler, er wendet sich in vielen Kehren zur Höhe. Über verlassene, malerische Almen führt die gut markierte Route an den Fuß der Grubermauer. Man kommt am tiefen Wetterloch vorbei. (Wetterloch wurden früher von den Einheimischen jene Schachthöhlen und Höhlen genannt, bei denen man eine Luftströmung verspürte. Man glaubte, daß in ihnen die Gewitter entstehen.)

Über die Engleitenalm – mit verfallener Almhütte – kommt man in den Wald und zu einer Weggabel. Nach rechts geht es weiter. Man erreicht einen Güterweg, über freie Flächen gelangt man zur Abzweigung des Weitwanderweges 605 zur Feldwiesalm. Geradeaus, dem Weitwanderweg folgend, kommt man zum Eisernen Herrgott und einer nahegelegenen, im Sommer bewirtschafteten Almhütte. Gehzeit ab Erlaufursprung 1 ½ Stunden.

Nun folgt man dem Kamm und steigt nach einem Sattel über einen steilen Rücken zum höchsten Punkt der Gemeindealpe

mit dem Terzerhaus des Österreichischen Touristenklubs auf. Gehzeit ab Eisernem Hergott etwa eine halbe Stunde.
Nach ausgiebiger Rast beginnt der Abstieg, der über den steilen Gipfelhang vorerst zur Mittelstation des Sessellifts führt. In diesem Bereich ist der Berg überlaufen und laut, man bleibt leider auch in der Nähe der Lifttrasse. Erst ab der Mittelstation wird es wieder still.
Man steigt auf der rechten Seite des steilen Hanges ab und quert später zur Lifttrasse. Vom Rücken zweigt unsere Route – rot markiert, Nummer 605, auch alte gelbe Marken – nach rechts ab. (Man kann aber auch bis zum Wirtshaus bei der Mittelstation gehen und dann zur Abstiegsmarkierung queren.)
Gemütlich geht es durch bewaldetes Terrain bergab, zum Schluß wandert man ein gutes Stück oberhalb des Sees, erst knapp vor dem Ende unserer Runde erreicht man den Talgrund und das Ufer des Gewässers. Gehzeit ab Terzerhaus etwa 1 ½ Stunden.

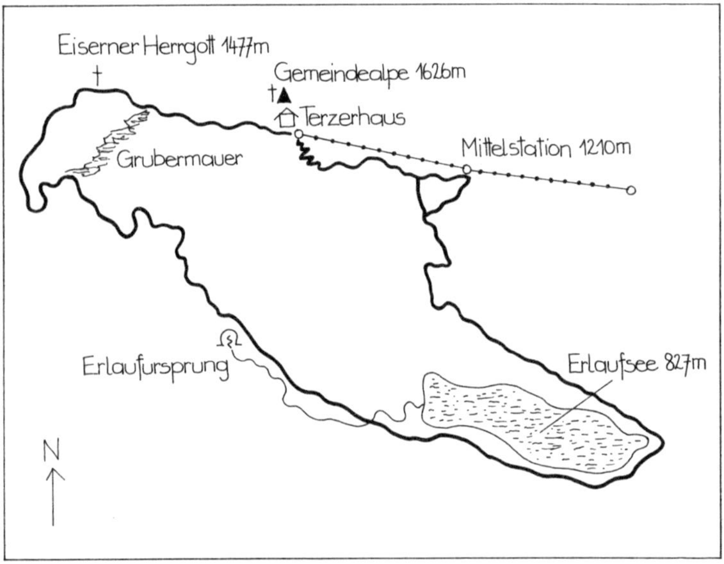

Lang, aber schön: Zellerhüte

Rundtour von der Grünau über die Zellerhüte

Lange, anstrengende, aber sehr lohnende Wanderung in einsamer Gegend.

Gesamtgehzeit 5 ½ bis 6 Stunden, Höhendifferenz über 1.000 m.

Kein Stützpunkt auf der ganzen Runde, Vorsicht bei Schlechtwetter oder Gewittergefahr!

Markierungen sind vorhanden, in älteren Karten sind die Wege falsch eingezeichnet.

Bundesamtskarte 1:25.000 oder 1:50.000, Blatt 72 (Mariazell).

Auf den vielen kitschig-bunten Ansichtskarten, die in Mariazell und Umgebung verkauft werden, zeigt man oft den Marien-Wallfahrtsort mit den drei ausgeprägten Gipfeln der Zellerhüte im Hintergrund. Die drei – in einem langen Höhenzug vereinten – Berge mit ihren steilen Flanken sind „Blickpunkte“ im Mariazeller Panorama, anscheinend aber nicht gerade Anziehungspunkte für die Bergsteiger, denn das Gipfelbuch auf dem Hinteren oder Großen Zellerhut weist nur sehr wenige Eintragungen auf.
Im Inneren der Zellerhüte soll ein goldener Schatz verborgen sein, der von kleinen Bergmännchen streng behütet wird. Doch die Zellerhüte sind selbst ein Schatz im Reigen der an schönen Gipfeln so reichen Mariazeller Berge. Ein Schatz, an dem sich jeder erfreuen kann, der eine etwas anstrengende Bergtour auf sich nehmen will. (Daß die Zellerhüte als „Hatscher“ verschrien sind, dürfte auch der Grund für den geringen Besuch sein, obwohl sich die Mühe auszahlt.)
Der Seidelbast blüht dort wie anderswo die Brennessel, in der Latschenregion trifft man den scheuen Birkhahn an, auch Auerhähne gibt es dort noch.
Daß sich um die Zellerhüte Sagen und Märchen spinnen, kann man verstehen, wenn man bedenkt, daß vor etlichen

In der „Porta Hungarica“ bei der Ruine Röthelstein

Jahren eine Frau, die vom markierten Weg abwich, spurlos verschwand, obwohl man wochenlang nach ihr suchte. Sie dürfte in einen Felsschacht gestürzt sein.
Noch im Frühsommer kann man in den engen Gräben der Nordseite Lawinenreste weit unter der 1.000-Meter-Grenze antreffen.
Eine wilde, romantische und einsame Gegend. Und da man sich lange Zeit immer direkt auf dem schmalen Kamm bewegt, genießt man auch eine herrliche Aussicht in das Hochschwabgebiet, zum Ötscher und zum Tonion.
Zwischen Zellersattel und Feldhüttelsattel besteht keine Möglichkeit, die Tour abzubrechen. Bei drohendem Schlechtwetter oder bei Gewittergefahr läßt man diese Runde daher besser bleiben, die Zellerhüte sind eine ausgesprochene „Schönwettertour".
In älteren Ausgaben der Karte ist die Verbindung vom Großen Zellerhut zum Feldhüttelsattel falsch eingezeichnet. Der Weg verläuft nicht in der Südflanke, sondern stets auf der Schneide, nur der Roßkogel wird umgangen und nicht überschritten.

*

Ausgangspunkt der Wanderung ist die Grünau bei Mariazell. Die Zufahrt erfolgt über den Erlaufsee oder über Rasing. Rechts neben dem Hotel Marienwasserfall befindet sich der Wegweiser. Auf der roten – früher blauen – Markierung Nummer 293 erreicht man in wenigen Minuten den zu Recht bekannten Marienwasserfall und wendet sich dann nach rechts, wo man über eine kurze Steilstufe zu einer Forststraße gelangt, die durch den Seewirtgraben führt. Man folgt dieser Straße, bis diese eine scharfe Linkskehre macht. Es geht geradeaus weiter, man wandert am Häuserl des Lager-Michls vorbei in einen Graben.
Später wird der Weg steil, er wendet sich nach rechts und erreicht einen Rücken östlich der zerfurchten Hutmauer. Durch ein einsames, steiles Kar – mit vielen Blumen und Lawinenspuren – steigt man zu dem in Ost-West-Richtung verlaufenden Kamm an, den man beim Zellersattel erreicht. Gehzeit ab Hotel Marienwasserfall 1 ¾ bis 2 Stunden.
Da man den Hauptgipfel des Kammes, den Großen Zellerhut, natürlich nicht auslassen will, hält man sich rechts – rote Markierung Nummer 292 – und gewinnt auf schmaler Schneide den Gipfel des Mittleren Zellerhutes (1.587 m),

steigt in einen Wiesensattel ab und erreicht durch Latschengassen den höchsten Punkt des Großen Zellerhuts (1.639 m). Gehzeit ab Zellersattel eine ¾ Stunde.
Auf der Anstiegsroute muß man zum Zellersattel zurück, folgt der roten Markierung 292, passiert ein Jagdhaus – wo sich auch eine Quelle befindet – und gelangt östlich des Roßkogels in einen Sattel, von dem aus der Anstieg zum Vorderen Zellerhut beginnt. (Da merkt man schon, wie gut oder wie schlecht die Kondition ist.) Bei der Überschreitung des 1.628 m hohen Gipfels bleibt man immer auf der Schneide, überquert den Hochkogel und kommt über das Feldhüttel in den Feldhüttelsattel oberhalb des Ochsenbodens. Gehzeit ab Großem Zellerhut 1 ¾ bis 2 Stunden.
Nun zweigt man scharf links ab und folgt der roten Markierung 294. Der Weg führt in die steile Nordflanke, quert einen Holzschlag – wo es mit der Markierung Probleme gibt – und kommt zu einer Forststraße, wo man den Anschluß der Markierung suchen muß. Durch Nadelwald geht es bergab in einen Graben zu einer weiteren Forststraße, der man nach links folgt. Bald zweigt der Weg – die alten gelben Marken sind nicht zu übersehen – nach rechts ab, über einen steilen Hang kommt man zum Ausgangspunkt der Tour in der Grünau zurück. Gehzeit ab Feldhüttelsattel 1 ¼ Stunden.

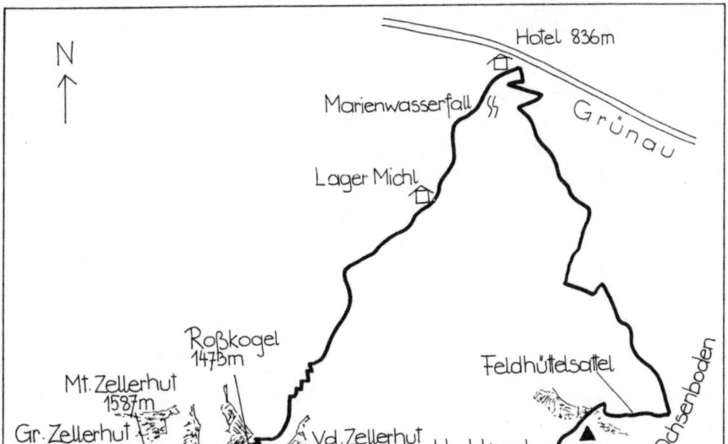

Der schönste Punkt im Ötscherland

Von Puchenstuben zum Silberbergwerk und auf die Brandmauer

Mäßig anstrengende Wanderung zu einem einzigartigen Aussichtspunkt.

Gesamtgehzeit 2 ½ bis 3 Stunden, Höhendifferenz rund 400 m. Trittsicherheit notwendig!

Kein Stützpunkt, was bei der Kürze der Tour nicht ins Gewicht fällt.

Der Weg auf die Brandmauer ist nicht markiert, aber unschwer zu finden.

Bundesamtskarte 1:25.000, Blatt 72 (Mariazell).

In den letzten Jahren wurden durch rührige Fremdenverkehrsorganisationen hunderte neue Wanderrouten beschildert und markiert. Und trotzdem gibt es noch viele Punkte, die es wert wären, daß zu ihnen ein gekennzeichneter Weg führt. Einer davon liegt auf der über 1.200 m ansteigenden Brandmauer, südwestlich von Puchenstuben. Am westlichen Ende dieses felsigen Höhenzuges ist eine Felskanzel, von der aus man eine geradezu atemberaubende Fernsicht hat. Ich weiß mich mit vielen einig, wenn ich behaupte, daß diese Felskanzel der schönste Punkt im ganzen Ötscherland ist.
Tief unter dem Beschauer befindet sich das Erlauftal mit Trübenbach und den romantischen Tormäuern. Und der Ötscher beherrscht das Panorama. Der Rauhe Kamm ist in seiner ganzen Pracht zu sehen, beeindruckend die fast unzugänglichen Kare an der Nordostseite des Berges. Man kann verstehen, daß der Ötscher auch in früheren Zeiten die Menschen faszinierte. Schon der Name deutete daraufhin, denn „Ötscher" heißt „Vaterberg".
Der Weg auf die Brandmauer führt nicht nur durch eine entzückende Landschaft, er führt auch ein wenig in die Vergangenheit unserer Heimat. Man kommt nämlich an einigen Stollen eines alten Silberbergwerks vorbei. Die Halden sind deut-

lich zu erkennen, einige Stollen sind sogar noch ein Stück zu begehen. Man sollte aber davon Abstand nehmen, denn die Einsturzgefahr ist natürlich vorhanden, und Silber wird man ohnedies nicht finden. Es kommt nämlich nicht in Adern vor, sondern in sogenannten „Nestern".

Der Silberbergbau spielte in den Voralpen einst eine große Rolle, auch in der Nähe von Annaberg wurde nach dem kostbaren Metall geschürft. Das Erz der Brandmauer wurde mühsam zu Tal gebracht und nahe von Laubenbachmühle verhüttet. Die Ausbeute war allerdings – im Gegensatz zu Annaberg – nie sehr groß, der Bergbau wurde daher schon vor mehr als hundert Jahren eingestellt, und die Silbergrubenwiese fiel wieder in den Dornröschenschlaf zurück.

In der Brandmauer baute man auch Bleiglanz ab, und mit etwas Glück läßt sich dort heute noch einiges finden, vor allem, wenn man auf den alten Halden sucht. Sehr schön sind die Kristalle nicht. Wenn man unbedingt auf Bleiglanz aus ist, bietet sich eher die Halde des alten Stollens auf dem Schwarzenberg bei Türnitz an.

*

Ausgangspunkt unserer Wanderung ist Puchenstuben an der Mariazeller Bahn, also auch mit öffentlichen Verkehrsmitteln gut zu erreichen. Von der Straßenkehre etwas oberhalb der reizenden Ortschaft wandert man zur Bergstation des Turmkogellifts, die zwischen Turmkogel und Florkogel liegt.

Von dort geht es entweder auf der Straße weiter, die von der Bergstation zur Bundesstraße führt, man kann aber auch auf die gelb markierte Trasse der Langlaufloipe wechseln, die einen in einem weiten Bogen nach rechts in das Tal am Fuß der Brandmauer führt. Man wandert bequem auf Forststraßen, einige Kahlschläge – die Folge von Windbrüchen – werden als nicht besonders unangenehm empfunden, weil man von ihnen einen schönen Blick zum Ötscher genießt.

Der Weg ist lange Zeit fast eben, später steigt er in zwei Serpentinen an. Nun ist man auch schon knapp unterhalb der Halden und Stollen des aufgelassenen Silberbergwerks. Auf einem nicht ganz leicht zu findenden Steig – oder auch weglos – steigt man die paar Meter zum ehemaligen Bergwerk an und „erklimmt" dann in wenigen Minuten den Kamm, der aus zwei langen Felsrippen besteht, zwischen denen ein enges Tal – eine Karsterscheinung – liegt. In diesem Tal hält man sich nach rechts, sehr bald ist man schon bei den Felsen, die

den schönsten Aussichtspunkt des ganzen Ötscherlandes bilden. Gehzeit ab Puchenstuben etwa 1 ½ Stunden.
Für den Rückweg bieten sich nun zwei Varianten an:

- Man steigt auf der Anstiegsroute bis zur Langlaufloipe ab und wandert auf dieser nach links weiter. Der Weg führt eben und dann leicht fallend direkt am Fuß der Brandmauer zur Bergstation des Turmkogellifts zurück. Auf bekannter Route geht es dann weiter nach Puchenstuben.
- Wesentlich schöner und befriedigender ist aber die Route über den Kamm der Brandmauer, die jedoch Trittsicherheit verlangt. Direkt auf der Kammlinie oder in deren Nähe verläuft ein schmaler Steig, den man für den Rückweg wählt. Man steigt in einen kleinen, aber deutlich ausgeprägten Sattel ab, wandert dann zum Gipfel des Turmkogels hinauf. Man behält die Richtung bei und erreicht schließlich im Abstieg die Bergstation des Turmkogellifts. Auf dem bekannten Weg kehrt man nach Puchenstuben zurück. Die Gehzeit von der Brandmauer nach Puchenstuben beträgt bei beiden Varianten rund 1 ¼ bis 1 ½ Stunden.

Die Wanderung kann natürlich auch bei der über die Straße erreichbaren Bergstation des Turmkogellifts begonnen werden, dann verkürzt sich die Runde aber beträchtlich, aus der Wanderung wird ein besserer Spaziergang.

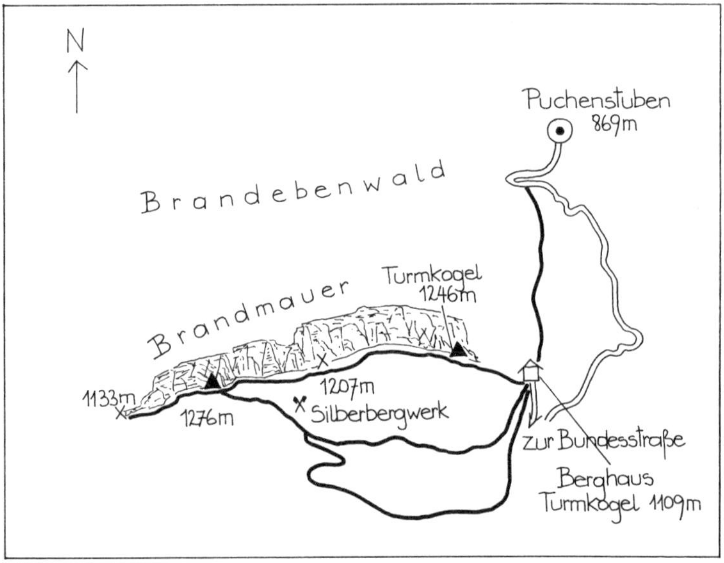

Wildalpe – nicht nur für Skifans

Ganz unmarkiert vom Lahnsattel auf die Wildalpe

Mäßig anstrengender Weg auf den Aussichtsberg.

Gesamtgehzeit 3 ½ bis 4 Stunden, Höhendifferenz rund 500 m.

Kein Stützpunkt, Vorsicht bei Schlechtwetter oder Gewittergefahr.

Kein markierter Weg, die Route ist aber nicht schwer zu finden.

Bundesamtskarte 1:25.000 oder 1:50.000, Blatt 72 (Türnitz).

Es führt zwar kein markierter Weg auf die 1.523 m hohe Wildalpe zwischen dem Salza- und dem Mürztal südlich des Lahnsattels, das bedeutet aber noch lange nicht, daß dieser Berg nicht oder nur selten bestiegen wird. Ein Blick in das Gipfelbuch zeigt, daß die freie Fläche des langgestreckten Höhenzugs nicht nur im Winter von den Skibergsteigern – die Wildalpe ist ein sehr bekannter Skiberg – frequentiert wird, sondern daß es auch in der schneelosen Zeit immer mehr Wanderer auf diesen Gipfel zieht, der leider durch einen Fernsehsender (und Zufahrtsstraße vom Westen her) etwas entwertet wurde.
Aber diese Aussicht! Rax, Schneealpe, Hinteralm, Tonion, Veitsch, Hochschwab, Ötscher, Dürrenstein und ... und ... bilden eine einmalig schöne Umrahmung. Und natürlich ist der Göller die beherrschende Erscheinung der Umgebung. Die Wildalpe ist eines der besten Beispiele, daß es sich auszahlt, nicht den höchsten Gipfel eines Gebietes zu besteigen, sondern mit einem nicht ganz so hohen Vorlieb zu nehmen und die Aussicht auf die höheren Berge zu genießen.
Auch Flora und Fauna in diesem Bereich sind sehenswert, und mit etwas Glück bekommt man Rehe, Hirsche und Gemsen zu Gesicht. Die Wildalpe mag auch als Beispiel dienen,

wie gut der Almbetrieb – trotz einer Aufschließungsstraße – einer Landschaft alpinen Charakters bekommt.
Das Fehlen markierter Wege fällt nicht besonders ins Gewicht. Die Route ist bei einiger Aufmerksamkeit kaum zu verfehlen, zudem sind die Karten so gut, daß die richtige Wegwahl nicht schwer fällt. Das Fehlen von Markierungen hat aber den Vorteil, daß man einen „Massenauftrieb" nicht befürchten muß.
Am stillsten ist es auf der Wildalpe im Frühjahr, wenn der Schnee schon weitgehend geschmolzen ist, die Bergblumen zu blühen beginnen. Und im Herbst, wenn die Almen leer und die Täler durch Nebel verhangen sind.

*

Ausgangspunkt unserer Wanderung ist die Ortschaft Lahnsattel knapp unterhalb des gleichnamigen Straßenüberganges. Sofern man nicht mit dem Bus gekommen ist, stellt man das Fahrzeug nahe der Brücke über den vom Göller herabziehenden Lahngraben – der seinen Namen leider zu Recht trägt – ab und wandert in das Tal des Kriegskogelbaches hinab, wo man auf eine in Richtung Wildalpe ziehende Forststraße stößt. Man wandert ein Stück in den Graben hinein und wechselt bei einer scharfen Kehre der Forststraße geradeaus auf einen Steig, der den Hang hinaufzieht. Nach relativ kurzem, steilem Anstieg trifft man auf eine Almstraße, der man nach links folgt. Recht gemütlich geht es weiter bis zur Ochsenalm, wo auch Almhütten stehen.
Nun hält man sich scharf rechts auf einem schmalen Rücken, der zur Höhe zieht. Sehr lang ist dieser Anstieg nicht, bald wird das Gelände flacher. Über einen Almboden mit schönen Ahornbäumen und Lärchen wandert man nun geruhsam weiter, der nächste Geländeaufschwung ist schon wesentlich zahmer. Nach einer kurzen Waldpassage gelangt man zur Hochalm, wo wieder Hütten und einige Viehunterstände zu finden sind.
Der weitere Weg führt etwas nach links. Am Rande der südlichen Steilhänge der Wildalpe steigt man aufwärts und ist sehr bald auf der Hochfläche. Das Gipfelkreuz und der Sender – in den neueren Karten sind beide nicht eingezeichnet – weisen die Richtung zum höchsten Punkt des Berges. Gehzeit ab Lahnsattel etwa 2 Stunden.
Der Rückweg erfolgt vorerst auf der Anstiegsroute. Man steigt zur Hochalm und über den steilen Rücken zur Och-

senalm ab und geht von dort auf der schon bekannten Almstraße weiter abwärts.
Allen Versuchen, einen Abschneider über die steilen Nordhänge zu wagen, sollte man widerstehen. Zeit- und Weggewinn stehen in keinem Einklang zu den Schwierigkeiten des Geländes. Es sei denn, man möchte den Gemsen Konkurrenz machen.
Der Almstraße folgt man etwas über den nicht zu übersehenden Gipfel des Kriegskogels hinaus, dann zweigt scharf nach rechts eine Forststraße ab, die in den westlichen Hang des Kriegskogels führt, dieser Forststraße folgt man bis zu dem etwas abrupten Ende.
Als Fortsetzung der Straße stößt man auf einen schmalen Steig, der zwar leicht zu finden, in den Karten aber nicht eingezeichnet ist. Diesen Steig wählt man für den weiteren Weg. Er führt fast horizontal am steilen Hang um den Kriegskogel herum. Nahe dem Scheitelpunkt der Lahnsattel-Bundesstraße kommt man aus dem Wald heraus und erreicht den Verkehrsweg in wenigen Schritten. Auf der Straße kehrt man zum Ausgangspunkt der Wanderung zurück. Gehzeit ab Gipfel Wildalpe 1 ½ bis 2 Stunden.

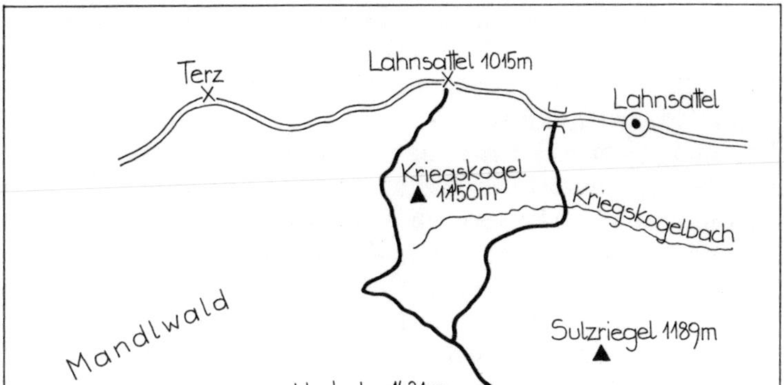

Fluchthöhlen oder Kultstätten?

Rundwanderung vom Goldenen Bründl durch den Rohrwald zum Michelberg

Unbeschwerliche und abwechslungsreiche Wanderung mit Besuch der Schwedenhöhlen.

Gesamtgehzeit 3 ½ Stunden, Höhendifferenz unter 200 m.

Wirtshaus knapp unter dem Michelberg-Gipfel ist nur in der schönen Jahreszeit offen.

Ein Teil des Weges ist unmarkiert. Für die Schwedenhöhlen Taschenlampen nicht vergessen!

Bundesamtskarte 1:50.000, Blatt 40 (Stockerau) und Blatt 41 (Deutsch Wagram).

Schon im vorigen Jahrhundert rätselten die Heimatforscher, was es denn mit den vielen künstlichen Höhlen auf sich habe, die vor allem im Wald- und Weinviertel sowie knapp südlich der Donau zu finden sind. Der Göttweiger Benediktinerpater Lambert Karner registrierte in seinem 1903 erschienenen Buch „Künstliche Höhlen aus alter Zeit" rund 500 solcher Erdställe – wie sie heute meist bezeichnet werden – zwischen Ungarn und Bayern.
Die meisten dieser Erdställe sind so eng, daß man sich nur kriechend in ihnen fortbewegen kann. Die Eingänge befinden sich mitunter in Häusern, in Kellern oder in Hohlwegen im Lößgebiet. Die These, es handle sich bei diesen künstlichen Höhlen um Fluchthöhlen, läßt sich aus heutiger Sicht nicht aufrecht erhalten, wenngleich natürlich immer wieder Menschen in Krisenzeiten sich in diese Erdställe zurückgezogen haben. Die Ansicht, es seien Kultstätten, klingt zwar plausibel, läßt sich wissenschaftlich aber ebenfalls nicht beweisen.
Kein Wunder also, daß die Erdställe immer wieder zu Spekulationen Anlaß geben und die Heimatforscher beschäftigen, denen es bisher nicht gelungen ist, die Entstehungszeit dieser unterirdischen Bauten zu ermitteln. Es gibt sogar Experten, die meinen, die Erdställe stammen aus germanischer Ära.

Im nördlich von Korneuburg gelegenen Rohrwald gibt es nun solche Erdställe, die relativ leicht zugänglich sind. Von einem Hohlweg sind in den Löß kurze Gänge gegraben, die sich manchmal zu Kammern mit aus dem Erdreich herausgeformten Säulen und Bänken erweitern. Aus einer Höhle führt ein etwa 4 m hoher Schacht zur Erdoberfläche.

Leider haben die Schwedenhöhlen – die sicher nicht in der Zeit der Schwedenkriege entstanden sind – in den letzten Jahren sehr durch Besucher gelitten, die ihre Initialen in die weichen Lößwände gravierten und die Höhleneingänge mit einem Mistkübel verwechselten.

Der Rohrwald hat neben den Schwedenhöhlen noch einiges zu bieten. Das beginnt schon bei der Geologie. Der 409 m hohe Michelberg besteht aus Kalk, der danebenliegende 388 m hohe Waschberg aus Silikatgestein.

Der Michelberg trug schon in der Vorzeit eine Siedlung, erst in jüngster Zeit versuchten Archäologen die Spuren zu finden. In Niederhollabrunn, das man auf dieser Runde passiert, gibt es einen besonders schönen Leeberg. Der Tumulus (Grabhügel) birgt wahrscheinlich ein keltisches Fürstengrab. Und nicht zuletzt ist die Pflanzenwelt des Rohrwalds recht interessant, man hat zeitweise den Eindruck, sich in einem urwaldähnlichen Gebiet zu bewegen.

*

Ausgangspunkt unserer Wanderung durch den romantischen Rohrwald ist das Gasthaus „Goldenes Bründl“ an der Straße von Oberrohrbach nach Rückersdorf. Man wandert etwa einen Kilometer auf der Straße in nordöstlicher Richtung, gleich nach dem Wirtshaus ist rechts jene Quelle mit Kapelle, die für den Namen verantwortlich zeichnet. Nach einer Kurve zweigt von der Straße nach links die gelb-rote Markierung in Richtung Karnabrunn in einen idyllischen Wiesengrund ab. Am Waldrand geht es fast eben dahin.

Wo die Markierung links in den Wald hineinführt, bleibt man – um zu den Erdställen zu kommen – auf dem Fahrweg am Wiesenrand. Nach einer schwachen Linkskurve geht man rechts über die Wiese, quert auf einer kleinen Brücke den Bach und stößt nach wenigen Metern im Wald auf eine nicht sehr gute rote Markierung, der man nach links folgt.

Nach einer kurzen, mäßigen Steigung wendet man sich nach rechts – die Markierung ist dort unterbrochen – und gelangt nach etwa hundert Metern zu einem Bankerl. Im Gra-

ben dahinter sind die Erdställe. Gehzeit ab Goldenes Bründl ½ Stunde.
Nun zurück zur rot-gelben Markierung, der man weiter in Richtung Karnabrunn folgt. Nach einer längeren Waldpassage wendet sich der Weg auf einer Wiese nach rechts, man überschreitet einen Rücken und erreicht die freien Felder. Dort verläßt man – noch vor Erreichen der Straße – die Markierung, hält sich links und wandert auf einem Feldweg nach Niederhollabrunn. Gehzeit ab Schwedenhöhlen 1 ¼ Stunden.
Im Ort hält man sich nahe dem Gemeindeamt nach links und stößt bei einer kleinen Kapelle neben einer Trafostation auf blaue Marken, die den Weg zum Michelberg weisen. Auf den Feldern, wo Markierungen fehlen, hält man sich geradeaus, der Gipfel kommt bald in Sicht.
Vom höchsten Punkt, auf dem eine kleine Kirche steht und von dem man einen schönen Rundblick hat, steigt man in den Sattel zwischen Michelberg und Waschberg ab, wobei man an einem Wirtshaus vorbeikommt. Auf dem Fahrweg schließlich – mit grüner, zum Teil roter Markierung – steigt man nach links in ein romantisches Tal ab, durch das man zum Goldenen Bründl zurückkehrt.
Gehzeit ab Niederhollabrunn 1 ½ Stunden.

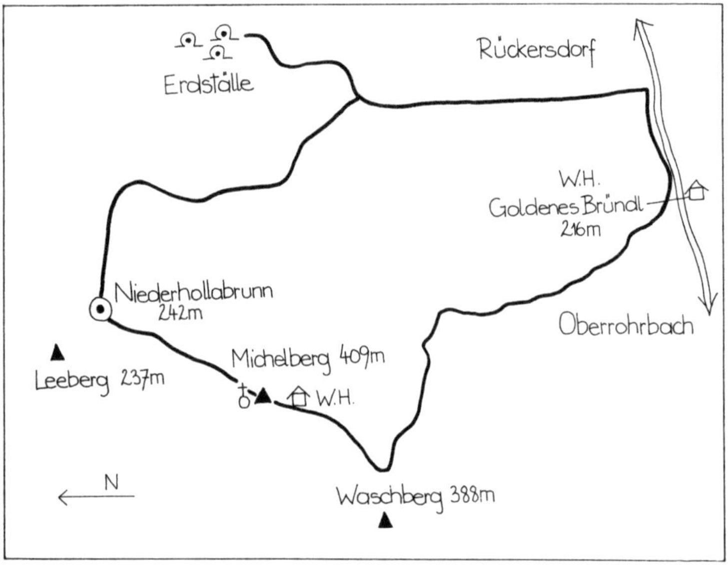

Über die Leiser Berge

Streckenwanderung von Ernstbrunn zum Buschberg und nach Mistelbach

Lange, aber höchst interessante Streckenwanderung.

Gesamtgehzeit 5 bis 6 Stunden, Höhendifferenz bei 200 m.

Buschberghütte des Alpenvereins zumindest am Wochenende offen.

Wege tadellos markiert.

Bundesamtskarte 1:25.000 oder 1:50.000, Blatt 24 (Mistelbach an der Zaya).

Es stellt sich immer wieder heraus, daß man eine Landschaft nur dann wirklich gut kennenlernt, wenn man sie durchwandert. (Radfahren geht auch noch.) Mit dem Auto ist man viel zu schnell, man erhält keinen guten Eindruck, wenn man nur auf der Straße dahinrast. Auch das Weinviertel sollte man einmal unter die Beine nehmen, um es richtig genießen zu können.

Rundwanderungen in diesem Bereich sind nur schwer zusammenzustellen, was aber nichts ausmacht, denn die Schnellbahnverbindungen haben nun auch Streckentouren problemlos gemacht. Man muß nur trachten, den Endpunkt der Wanderung an der Schnellbahn zu haben, weil der Taktfahrplan die Rückkehr sehr einfach macht.

Die Überschreitung der Leiser Berge ist ein Genuß. Von den freien Rücken hat man eine traumhafte Aussicht über die sanfte Hügellandschaft, deren Fruchtbarkeit immer schon die Menschen anzog. Kein Wunder also, daß die Leiser Berge schon vor mehr als 2.000 Jahren besiedelt waren. Die Spuren sind noch heute zu sehen. Auf dem Oberleiser Berg, wo auch eine Aussichtswarte steht, gibt es einen imposanten Ringwall, zudem fand man dort die Reste einer von den Römern für einen germanischen Fürsten gebauten Villa. Die ehemaligen

Wallanlagen auf dem Buschberg sind selbst für den Laien deutlich erkennbar.
Daß zwei – eher unschöne – Radartürme den Höhenzug „krönen“, muß man halt hinnehmen, Flugsicherung ist auch notwendig.
Die Leiser Berge weisen auch eine recht interessante Pflanzenwelt auf. Im Frühjahr sind die Heideflächen voll von Küchenschellen. Die Blumen stehen unter strengstem Naturschutz, den man unbedingt beachten sollte.
Leider wird der Personenverkehr auf der Bahnstrecke Korneuburg – Ernstbrunn – Mistelbach bald der Vergangenheit angehören. Die Anreise mit dem betagten Dieseltriebwagen bringt einen in die richtige Stimmung für die beschauliche Wanderung durch einen der schönsten Teile des Weinviertels. (Übrigens, der Molmannsdorfer Berg dieser Bahnlinie gehört zu den steilsten Strecken in ganz Österreich.) Mit dem Bus geht's allerdings schneller und bequemer.

*

Ausgangspunkt unserer Wanderung ist der Bahnhof Ernstbrunn. Man wandert auf der roten Markierung in den Ort und zweigt nach rechts auf der Straße in Richtung Klement ab. (Ernstbrunn ist zu „umgehen“, wenn man am Ortsrand rechts in den Kirchtalweg einbiegt und dann den Bach entlang nach links zur Straße wandert.)
Vor einem Einschnitt – Vermessungspflock – geht man nach links in die Felder und erreicht über ein scharfes Eck nach rechts den kleinen Flecken Dörfles. Am Wildpark vorbei geht es auf die Leiser Berge. Von Oberleis sollte man unbedingt einen Abstecher auf den Oberleiser Berg machen, auch wenn die Aussichtswarte geschlossen sein sollte. Die Aussicht lohnt den kurzen Umweg.
Über die freien Flächen wandert man nun immer in Nähe des Rückens über die Leiser Berge zum Buschberg, die rote Markierung 602 weist den richtigen Weg zur kleinen, in einem Föhrenwald gelegenen Buschberghütte. Gehzeit ab Ernstbrunn 2 bis 2½ Stunden.
Nun beginnt der Weg in den Leiser Wald, der an Schönheit den Leiser Bergen kaum nachsteht, aber sehr einsam ist. Man trifft dort kaum einen Menschen. Von der Buschberghütte steigt man zur Straße ab, hält sich rechts, biegt aber bald scharf links in Richtung Michelstetten ab, nach ein paar hundert Metern wendet man sich nach rechts in den Wald. Man

überschreitet den ersten von zwei Rosenbergen und passiert die Abzweigung nach Grafensulz. Die Bahnstrecke Korneuburg – Mistelbach wird auf einer Brücke überschritten, dann erreicht man freies Gelände, über das man zur Straße Garmanns – Asparn an der Zaya gelangt.
Man zweigt nach rechts auf die Straße ab und wandert bis zum ersten Einschnitt. Dort zweigt nach links ein schmales Wegerl ab, über das man die Böschung „erklimmt", und schon ist man wieder auf dem bestens markierten Weitwanderweg. An der Waldgrenze geht es weiter, später führt der Weg in das Gehölz hinein. Man kommt auf den zweiten Rosenberg, ohne daß man eine besondere Steigung hätte absolvieren müssen. Der höchste Punkt des Leiserwaldes, 320 m, bleibt zur rechten Hand, man gelangt in einen Sattel und erreicht die Waldandacht, ein Marterl mit Rastbank. Bald nach der Waldandacht kommt man auf eine große Lichtung, am Ende dieser Lichtung, wo der Weg eine scharfe Linkskurve vor dem Hillersberg macht, schwenkt man rechts ab und geht auf einem alten Fahrweg in den Sattel, wo man die Weingärten erreicht. Auf dem Güterweg gelangt man zur Haltestelle Paasdorf der Schnellbahn. Gehzeit ab Buschberg 3 bis 3 ½ Stunden.
Bis Mistelbach braucht man etwa eine ½ Stunde länger.

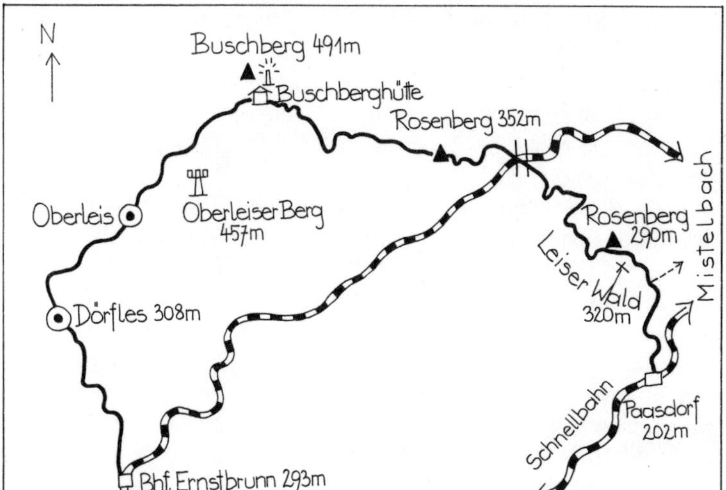

Zwischen Strom und Berg

Rundtour von Hainburg zum Donauknie

Unschwierige und relativ kurze Wanderung am Fuße des Braunsbergs.

Gesamtgehzeit 3 Stunden, Höhendifferenz unter 80 m.

Gasthaus nahe dem Golfplatz als Stützpunkt.

Nur ein Teil des Weges markiert. Vorsicht bei Hochwasser.

Bundesamtskarte 1:25.000 oder 1:50.000, Blatt 61 (Hainburg an der Donau).

In älteren Beschreibungen von Donaureisen wird die Porta Hungarica, der Durchbruch des Stromes zwischen dem Braunsberg und dem Thebener Felsen, als nicht weniger beeindruckend und schön beschrieben als etwa die Wachau oder der Strudengau. Die Donau, lange Strecken zwischen satte, grüne Auwälder gebettet, drängt sich an den Berg am rechten Ufer, um dann in einer großen Kehre die Richtung von Nordosten nach Südosten zu wechseln. Das linke Ufer – Staatsgebiet der ČSSR – wird nun zum steilen Ufer, rechts wird das Land flach.
Warum die Schönheit der „Ungarischen Pforte“ – die aber zwischen Österreich und der Tschechoslowakei liegt (der Name stammt noch aus der Zeit der Monarchie, als Preßburg und das umgebende Land ungarisch waren, damals floß die Donau von Österreich nach Ungarn) – so wenig goutiert wird, hat möglicherweise auch seinen Grund darin, daß man sich schon zu einer teuren Donaureise entschließen muß, um den Durchbruch vom Wasser aus bewundern zu können. Sonst ist die Pforte per Schiff nur bei einer sogenannten „Dreiländerfahrt“ zu passieren. Die DDSG bietet schon lange keine Schiffsverbindung von Wien nach Hainburg mehr an.

Doch was tut's? Durchwandern wir eben die Ungarische Pforte auf schmalen Wegen, die zwischen Braunsberg und Strom verlaufen. Dabei kommen wir auch zur Burg Röthelstein, die auf einem Felsen über dem Strom lag. Heute sind nur mehr wenige Reste der Burg vorhanden, die im Jahre 1190 erstmals urkundlich erwähnt wurde. Der Verfall begann angeblich bereits zu Beginn des 15. Jahrhunderts, damals stand schon längst eine wesentlich wichtigere und besser geschützte Festung auf dem Burgberg bei Hainburg.
Übrigens, „Heiminburch" hieß einst die Festung, die auf dem Gebiet des heutigen Deutsch-Altenburg lag. Als sie einem Ansturm der Ungarn zum Opfer fiel, beschloß der Nürnberger Reichstag im Jahre 1050, die Burg auf dem strategisch günstigeren Schloßberg beim heutigen Hainburg wiederaufzubauen. Die neue Burg übernahm den Namen der alten.
Von den Klippen der Ruine Röthelstein hat man nicht nur einen schönen Blick auf den Strom, sondern übersieht auch gut die große Au am linken Ufer.

*

Ausgangspunkt ist Hainburg an der Donau. Beim Parkplatz nahe der heute nicht mehr benötigten Schiffsanlegestelle beginnt der rot markierte Weg in Richtung Wolfstal, dem wir aber nur ein kurzes Stück folgen. Noch vor den Felsen mit dem markanten Tunnel hält man sich rechts. Im Felsenwinkel beginnt ein unmarkierter, aber sehr guter Steig, der über Stufen in dem steilen Graben kurz emporführt und sich dann nach links wendet.
Man bleibt nun immer am Rande des Steilabbruchs im Walde und erreicht die von Hainburg auf den Braunsberg führende Mautstraße, der man ein kurzes Stück folgt. Noch vor der ersten scharfen Kehre der Straße zweigt links ein – ebenfalls unmarkierter – Weg, den man nun wählt. In leichtem Abstieg kommt man zum Gelände des Golfplatzes. Immer geradeaus erreicht man die Straße. In der Nähe der Kreuzung befindet sich ein Gasthaus. Gehzeit ab Hainburg 1 Stunde.
Nun schwenkt man nach links und folgt dieser wenig befahrenen Straße zur Jägerhaussiedlung und an das Ufer der Donau. Gehzeit ab Erreichen der Straße eine ½ Stunde.
Am Wasser trifft man auf die rote Markierung des Grenzlandweitwanderwegs, der auch die Nummer 07 trägt.
Man folgt den roten Marken nach links, der Weg führt ein Stück über freies Gelände und wendet sich dann in die Au. Es

geht ganz eben dahin, später tauchen die Felsen auf, auf denen die Ruine Röthelstein steht. Nahe einem Altarm beginnt eine kurze starke Steigung – Stufen –, in wenigen Minuten ist man auf der Höhe, dort hält man sich rechts und gelangt an den Rand des Felsens (Bankerl).
Bei niedrigem Wasserstand der Donau bietet sich eine Variante an: Gleich nach Erreichen der roten Markierung geht nach rechts zur Donau ein kleiner Steig, man muß durch einen Graben, der nur dann passiert werden kann, wenn der Strom wenig Wasser führt, und gelangt an das Ufer. Dort ist ein Weg, der nach links entlang eines Altarms zum Fuß der Felsen führt.
Vom Platz mit dem Bankerl muß man nun auf einem unmarkierten schmalen Steig in einen Sattel, von dem aus man auf gelber Markierung in wenigen Metern zu den Resten der Burg Röthelstein aufsteigt.
Dann geht es zurück in den Sattel, und auf den roten Marken des Weitwanderweges steigt man wieder zu einem Altarm ab. Der Weg führt zum Ufer des Stromes, an diesem entlang zu dem Tunnel – den man auch umgehen kann – und weiter zurück nach Hainburg. Gehzeit ab Erreichen des Donauufers 1 ½ Stunden.

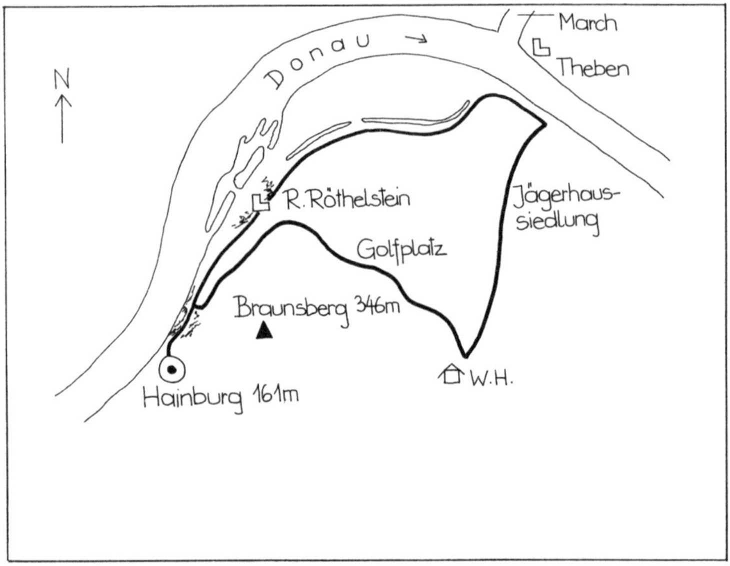

Die schöne Au bei Schönau

Rundwanderung von Schönau durch die Schüttelau

Unschwierige, aber sehr interessante Au-Wanderung.

Gesamtgehzeit 3 Stunden, Höhendifferenz unter 20 m.

Kein Stützpunkt auf der ganzen Runde.

Nur ganz kleine Abschnitte dieser Runde sind markiert. Im Hochsommer wegen der Gelsen abzuraten.

Bundesamtskarte 1:25.000 oder 1:50.000, Blatt 59 (Wien) und Blatt 60 (Bruck an der Leitha).

Die Schüttelau bei Schönau ist die Fortsetzung der Wiener Lobau. Von der Alten Donau gibt es über Mühlwasser, Groß-enzersdorfer Arm, Eberschüttwasser, Mittelwasser und Kühwörther Wasser eine Verbindung zu den Hauptgewässern der Schüttelau. Durch den sogenannten Einstich unterhalb von Schönau fließt das Wasser in die Donau ab.
Wenn die Donau sehr stark steigt oder Hochwasser führt, kommt es wieder vor, daß Donauwasser durch den Einstich in die Au gedrückt wird. Steht man dann auf dem Hubertusdamm, kann man das Phänomen beobachten, daß rechts das Wasser der Donau talabwärts, links das Wasser aber talaufwärts strömt. (Der Hubertusdamm ist in einem solchen Fall aber nur von der Lobau her erreichbar, denn die Traverse bei Schönau ist dann unpassierbar.)
Während des Vogelzugs machen in der Schüttelau die Silberreiher Station, auch der Löffler ist dann dort anzutreffen. Der schon seltene Fischadler, der in unseren Gegenden leider nicht mehr brütet, kann im Frühjahr oder im Herbst ebenso beobachtet werden wie der Kleinspecht, der dem Buntspecht zum Verwechseln ähnlich sieht.
Gerade der hohe Anteil an Gewässern macht die Au bei Schönau zu einer schönen, ja wunderschönen Au, zu deren

Durchwanderung man sich Zeit nehmen muß. Nur dann kann man die Blüten und Tiere beobachten, das Wechselspiel von Sonne und Wasser genießen, am Ufer des Stromes sitzen und träumen.
Leider führt eine Einflugschneise des Flughafens Schwechat über die Au, der Lärm ist oft sehr störend.
Durch die Schüttelau gibt es einen markierten Weg, den Grenzlandweitwanderweg 607. Da es aber den Weitwanderern offenbar aufs Kilometerfressen und Sammeln von Kontrollstempeln ankommt, hat man die mit Abstand fadeste Route durch die sonst so schöne Landschaft markiert, nämlich direkt auf dem Hubertusdamm.
Daher werden wir weitgehend auf markierte Routen verzichten. Man sollte aber unbedingt einen Feldstecher – wegen der vielen Vögel – und eine Lupe – wegen der vielen Blumen – mitnehmen, um den Reiz dieser Au voll auskosten zu können.
Die Auen entlang der Donau sind seit geraumer Zeit auch bevorzugtes Ziel vieler Radler, die dort ideale Bedingungen vorfinden. Beim Wandern allerdings kommt man zwar langsamer vorwärts, man sieht aber mehr. Viel mehr.

*

Ausgangspunkt ist Schönau an der Donau. Auf der roten Markierung Nummer 607 überqueren wir den Marchfelddamm, gelangen an das Wasser und erreichen über eine Traverse den Hubertusdamm. Die Markierung zweigt nun nach rechts ab, wir aber wandern geradeaus weiter zur Donau und halten uns dort stromaufwärts. Entweder auf dem Treppelweg oder auf einem parallel führenden Weg halten wir uns immer in der Nähe des Ufers, bis wir freie Flächen mit Hütten von Daubelfischern erreichen. Bei einer leichten Krümmung des Stromes sehen wir zum erstenmal die Barbara-Rohrbrücke.
Ein kurzes Stück nach Stromkilometer 1912 wenden wir uns nach rechts, queren die Wiese und kommen zum Hubertusdamm, wo wir wieder ein Stück den roten Markierungen des Weitwanderweges folgen. Bei einer kleinen Hütte zweigt die Markierung nach rechts (Norden) in die Au, wir gelangen auf einem Fahrweg zur Gänshaufen-Traverse, auf der wir das Kühwörther Wasser überqueren. Gehzeit ab Schönau 1 ½ Stunden.
Unmittelbar nach der Traverse, beim Ende einer Rohrlei-

tung, zweigt nach rechts ein Fahrweg ab, der unsere weitere Route bildet. Vorbei an einer aufgelassenen Schottergrube, die längst zur Wildnis geworden ist, kommen wir zu einer parkähnlichen Landschaft mit Futtertrögen, die auch nicht gerade ein Ästhet entworfen hat. Die Spuren der Wildfütterung sind unverkennbar.

Dort halten wir uns schräg nach links hinten und gelangen in einem Rechtsbogen zu einer Schneise, die wir durchwandern. Am Ende der Schneise stoßen wir auf einen Hochstand, dort schwenken wir scharf nach rechts.

Über eine Lichtung mit einem Tümpel kommen wir auf einem Fahrweg zum Hauptgewässer der Schüttelau. Wir wandern stromabwärts bis zu einem wilden Parkplatz der Fischer. (Warum müssen die Fischer in einer schützenswerten Landschaft mit dem Auto immer direkt bis zum Angelplatz fahren?) Bei diesem Parkplatz wechselt man auf den nahen Marchfelddamm und kehrt auf diesem nach Schönau zurück.

Gehzeit ab Gänshaufen-Traverse etwa 1 ½ Stunden.

Die reine Gehzeit sagt wenig über die tatsächlich benötigte Zeit aus, denn in der Au gibt es viel zu schauen und zu beobachten.

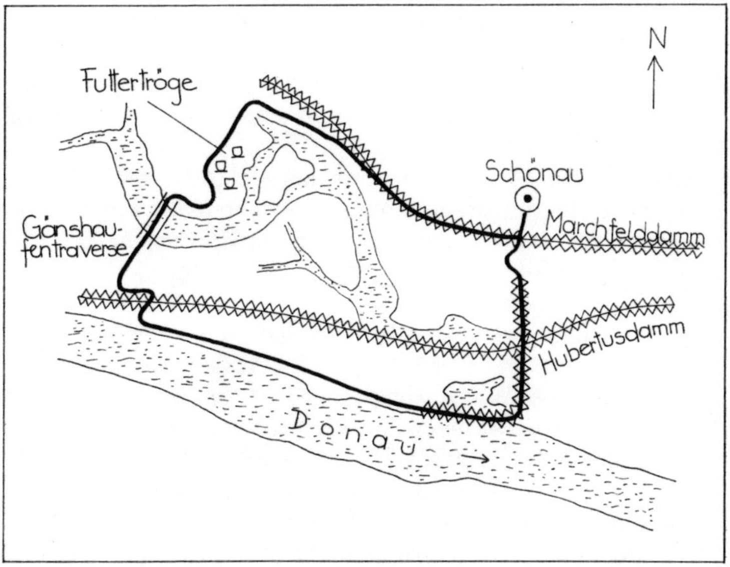

Die Luxuswarte im Leithagebirge

Rundtour von Donnerskirchen zur Aussichtswarte auf der Kaisereiche

Unbeschwerliche, aber sehr interessante Wanderung.

Gesamtgehzeit 3 bis 3 ½ Stunden, Höhendifferenz rund 300 m.

Kein Stützpunkt auf der gesamten Runde.

Ein Teil des Weges ist nicht markiert, aber unschwer zu finden.

Bundesamtskarte 1:50.000, Blatt 78 (Rust).

In unserem Lande herrscht ein Schwund an Aussichtswarten. Von vielen, auch sehr bekannten Gipfeln wie dem Jochgrabenberg oder dem Kohlreithberg sind sie verschwunden, auf anderen wieder sind sie baufällig geworden (Troppberg), und es besteht wenig Aussicht, daß sie bald hergerichtet werden. Umso mehr freut man sich, wenn Aussichtswarten neu entstehen oder renoviert werden, ist es doch immer wieder Höhepunkt einer Wanderung, wenn man von der hohen Plattform einen Rundblick hat.

Es gäbe ja die Möglichkeit, auf den vielen Fernsehtürmen, die unsere Berge „zieren", auch Aussichtsplattformen anzubringen. Nur, heutzutage sieht man via Bildschirm fern und nicht von einem Turm, der dann ein echter Fernsehturm wäre.

Es gibt, wie gesagt, Ausnahmen. Und eine solch rühmliche Ausnahme steht auf dem höchsten Punkt des Leithagebirges: die Franz-Josefs-Warte auf der 443 Meter hoch gelegenen Kaisereiche. Vor wenigen Jahren noch war diese Aussichtswarte recht desolat, nun steht auf der Kaisereiche ein wahres Prachtstück von einem Aussichtsturm mit verglaster Plattform, man kann also auch bei starkem Wind ungehindert und ungestört den herrlichen Blick in die Runde genießen.

Und dieser Blick reicht von der ungarischen Tiefebene über den Neusiedlersee bis zu den Hochalpen, er reicht über das Wiener Becken hinweg in den Wienerwald, er reicht bis zur Donau und zu den Kleinen Karpaten. Und man gewinnt von dieser Plattform aus einen guten Eindruck von der Weitläufigkeit des Leithagebirges, das als Wandergebiet leider unterschätzt und daher auch verhältnismäßig wenig beachtet wird.
Von der Straße, die von Donnerskirchen über das Leithagebirge nach Hof führt, ist die Kaisereiche auf einem gut markierten Weg in wenigen Minuten zu erreichen. Besser ist's natürlich, man steigt zu Fuß zum „Gipfel" des Gebirges auf.
Das winzige Plateau rund um die Warte ist überhaupt bestens möbliert. Am Fuß des Aussichtsturmes steht ein gemütliches Ruhebankerl. Sogar ein Örtchen, wohin selbst Kaiser zu Fuß gehen, ist vorhanden.
Besondere konditionelle Anforderungen stellen Wanderungen im Leithagebirge nicht, denn die Höhendifferenzen sind doch sehr gering. Die Markierungen sind im allgemeinen gut, die Kaisereiche wird auch vom burgenländischen Nord-Süd-Weitwanderweg berührt.

*

Ausgangspunkt unserer Wanderung ist Donnerskirchen am südöstlichen Abhang des Leithagebirges. Man wandert die Hauptstraße bis zu ihrem oberen Ende. Nach einer Kapelle, bei einem Kinderspielplatz, zweigt man scharf links auf die rote Markierung ab. Der Weg – der nach starken Regenfällen und nach der Schneeschmelze grundlos wird – wendet sich in einen engen Graben und führt in mäßiger Steigung bergauf. Später verläßt er die Grabensohle und führt über den östlichen Hang auf einen Rücken und zu einer freien Fläche, die durch Schlägerungen entstanden ist. Auf der Forststraße hält man sich links und erreicht über einen sanften Höhenrükken die Franz-Josefs-Warte, die man schon seit geraumer Zeit im Blickfeld hatte. Gehzeit ab Donnerskirchen rund 1 Stunde.
Auf der roten und gelben Markierung steigt man nun in nordöstlicher Richtung ein kurzes Stück ab und gelangt nach einer unerheblichen Gegensteigung auf einen Fahrweg, dem man nach rechts folgt. Fast ebenen Weges wandert man dahin, bis man beim sogenannten „Hotter" auf die blaue Markierung trifft, die den Weg von Mannersdorf nach Donnerskirchen kennzeichnet. Dieser Markierung folgt man nach rechts.
Sanft geht es bergab, man kommt zum Suchentrunk, einem

Gedenkstein. Dieser erinnert an ein Unglück im Jahre 1682, bei dem eine Frau den Tod fand. Man befindet sich also auf einem alten Übergang. Gleich nach dem Stein zweigt die blaue Markierung nach rechts in den Teufelsgraben ab. Es ist aber vorteilhafter, geradeaus – und ohne Markierung – weiterzugehen, weil man dann später eine herrliche Aussicht auf die Ebene, den Neusiedler See und den breiten Schilfgürtel hat. Man muß nur die Richtung beibehalten, dann kann man sich kaum verirren.
Hie und da finden sich noch alte blaue Marken, in der Bundesamtskarte ist der Weg noch als markiert eingezeichnet.
Man kommt an einem Marterl vorbei, das einer Siebzehnjährigen gewidmet ist, die von ihrem Vater getötet wurde. Den Namen der Unglücklichen verschweigt die Inschrift.
Der Weg macht dann eine Schleife und gelangt an den Waldrand. Von der freien Fläche hat man eine schöne Aussicht, später sieht man auch gut die aus der Keltenzeit stammenden Grabhügel auf dem Mahdberg oberhalb von Donnerskirchen. Behält man die Richtung bei, kommt man über den Kirchenberg in den Ort. Wenn das Auto bei der Kapelle an der Hauptstraße steht, wählt man den von der Geländekante nach rechts hinabführenden Güterweg. Gehzeit ab Kaisereiche 2 Stunden.

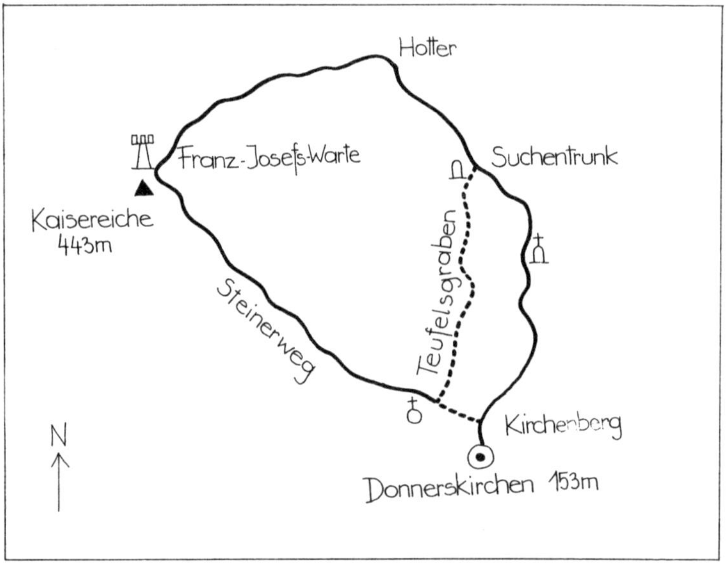

Das alte Bergwerk an der Grenze

Eine Rundtour von Ritzing zum Helenenschacht und zum Hohen Riegel

Wenig anstrengende Wanderung an der österreichisch-ungarischen Grenze.

Gesamtgehzeit 3 ½ Stunden, Höhendifferenz 250 m.

Kein Stützpunkt auf der ganzen Runde.

Gesamte Runde ist unmarkiert, der Grenzweg darf unbehindert begangen werden.

Bundesamtskarte 1:50.000, Blatt 107 (Mattersburg), die Karte ist unbedingt mitzunehmen.

Touristisch ist das Ödenburger Gebirge zumindest auf der österreichischen Seite noch Neuland. Zwar machten die Ungarn zaghafte Versuche, das „Gebirge", das knapp an die 600-m-Höhenmarke heranreicht, den Wanderern ans Herz zu legen, auf österreichischem Territorium gibt es in diesem reizvollen Gebiet zwischen Sieggrabener Sattel und der Staatsgrenze kaum markierte Wege und schon gar keinen beschilderten Rundkurs.

Was schade ist, denn das Ödenburger Gebirge hat vor allem jenen viel zu bieten, die genußvolle, wenig anstrengende Wanderungen in einer abwechslungsreichen Landschaft lieben.

Im Herbst wird man zu den angegebenen Gehzeiten einiges dazuschlagen müssen, wenn die Brombeeren reif sind, braucht man zum Einsammeln dieser köstlichen Früchte wahrscheinlich mehr Zeit als für die gesamte Rundwanderung.

Vor fünf Jahrzehnten war die Gegend, in die unsere Runde führen soll, ein wichtiges Bergbaugebiet. Eine ungarische Gesellschaft schürfte diesseits und jenseits der Grenze nach Braunkohle, von ungarischer Seite war das Bergwerk sogar durch eine eigene Bahnlinie erschlossen.

Auf österreichischem Gebiet befand und befindet sich der Helenenschacht, der in den letzten Jahren vor Stillegung des Bergwerks noch als Entlüftungsbauwerk diente. Die Ruinen des gemauerten Förderturmes sind heute noch zu bewundern – und auch von weitem zu sehen.
Der Rest der Bergwerksanlage diesseits der Grenze ist längst von der Natur überwuchert. Vor wenigen Jahren wurde der Grund von den Ungarn an die Gemeinde Ritzing verkauft, die ihn parzellierte, sodaß nun knapp neben dem Eisernen Vorhang eine Reihe neuer Wochenendhäuser stehen.
Natürlich herrschte früher in diesem Bereich ein reger Grenzverkehr, denn viele Bergleute aus dem Burgenland fanden „drüben" Arbeit. Ein großes Zollhaus in Ritzing zeugt noch von der Bedeutung des Grenzüberganges. Jetzt ist auch dort der Eiserne Vorhang geschlossen. Den Weg aber, der entlang der Grenze verläuft, darf man benützen.

*

Ausgangspunkt unserer Wanderung ist die kleine Ortschaft Ritzing, die man von der burgenländischen Nord-Süd-Verbindung über Sieggraben, Weppersdorf und Lackenbach erreicht. Am nördlichen Ortsende, rechts von den Zollhäusern, beginnt eine schmale Sandstraße – Wegweiser „Förderturm" –, der man folgt. Der Fahrweg steigt gemächlich an, man bleibt die ganze Strecke auf einem Geländerücken mitten im Wald. Schließlich erreicht man einen Sattel mit einer freien Fläche – rechts neben der Straße steht eine Zollhütte –, der Weg wird nun eben und dreht sich nach rechts. In einem Bogen, der nahe an die Staatsgrenze heranführt, erreicht man das frühere Bergwerksgelände und den Förderturm des Helenenschachts. Gehzeit ab Ritzing 1 ¼ Stunden.
Entlang der Grenze führt nun ein schöner Fußweg, auf diesem wandert man in östlicher Richtung. Bei einer freien Fläche passiert man ein auf einem Baum angebrachtes Marterl, das an den Tod eines provisorischen Gendarmen erinnert und zeigt, daß die heute so ruhige Grenze einmal sehr gefährlich war.
In leichtem Bergauf und Bergab kommt man zu dem völlig bewaldeten „Gipfel" des Hohen Riegels (553 m), der nahe dem Grenzstein B 32 liegt. Damit ist auch der höchste Punkt unserer Runde erreicht.
Man bleibt bis zum Grenzstein B 31 – der sogar in doppelter

Ausführung vorhanden ist – an der Grenze. Dort befindet sich auch eine Zollhütte. Gehzeit ab Helenenschacht eine ½ Stunde.

Nun biegt man scharf links ab und wandert auf einem Fahrweg in wenigen Minuten zur Waldbereiterkapelle, die bereits mehr als 100 Jahre alt und schon dreimal renoviert ist. Man behält auf dem Fahrweg die Richtung bei und steigt allmählich ab. Bei einer Gabelung des Fahrweges wählt man den linken Ast, kommt an der idyllisch gelegenen Marienhütte vorbei und gelangt über zwei scharfe Kehren in das Tal des Kuchelbachs.

Gemütlich geht es talauswärts, sehr bald kommt man zu dem künstlich angelegten Badesee von Ritzing, den man sich einmal für einen sommerlichen Ausflug vormerken sollte. Knapp nach dem Stausee hält man sich links und steigt auf einem Weg zu einem Geländerücken an. Auf der anderen Seite steigt man wieder ein kurzes Stück ab und erreicht die Straße, die nach Ritzing zurückführt.

Will man den – relativ kurzen – Marsch auf Asphalt vermeiden, wechselt man auf die linke Seite des Tales, wo ein Weg zum Zollhaus führt. Und damit ist man auch schon am Ausgangspunkt der Runde angelangt. Gehzeit ab Grenzstein B 31 rund 1½ Stunden.

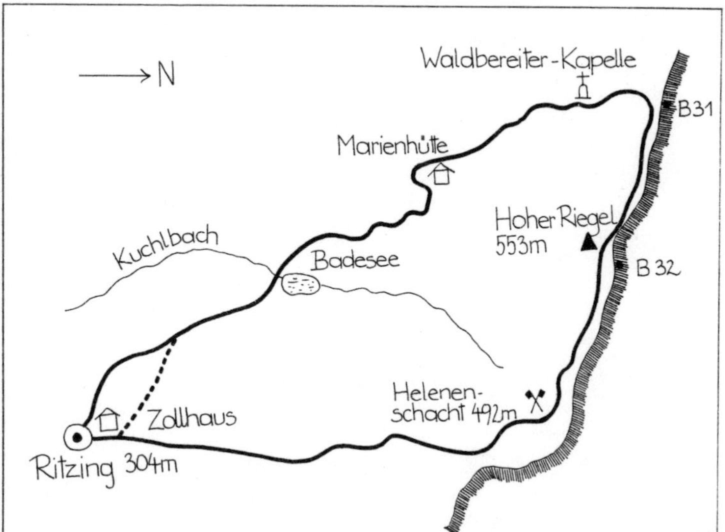

Inhalt